俞莹 著

玩石指南

中华书局

图书在版编目（CIP）数据

玩石指南 / 俞莹著 —北京：中华书局，2016.9
ISBN 978-7-101-11966-4

Ⅰ.玩… Ⅱ.俞… Ⅲ.①石—收藏—中国—指南②石—鉴赏—中国—指
南 Ⅳ.① G894-62 ② TS933-62

中国版本图书馆 CIP 数据核字（2016）第 153823 号

书　　名	玩石指南
著　　者	俞　莹
责任编辑	余佐赞　许　红
出版发行	中华书局
	（北京市丰台区太平桥西里 38 号　100073）
	http://www.zhbc.com.cn
	E-mail:zhbc@zhbc.com.cn
印　　刷	北京雅昌艺术印刷有限公司
版　　次	2016 年 9 月北京第 1 版
	2016 年 9 月北京第 1 次印刷
规　　格	开本 / 710 毫米 ×1000 毫米 1/16
	印张 15　字数 80 千字
印　　数	1-6000 册
国际书号	ISBN 978-7-101-11966-4
定　　价	78.00 元

出版前言

本书主要介绍以天然岩石类为主的观赏石的收藏与鉴赏，是观赏石爱好者、收藏者和鉴赏者不可不读的一本入门读物。

观赏石，又称奇石、雅石，是天然形成的可供收藏欣赏的石头。按照中华人民共和国国家质量监督检验检疫总局、中国国家标准化管理委员会 2015 年 5 月 15 日发布的《观赏石鉴评》定义：观赏石是自然形成且可以采集的，并具有观赏价值、收藏价值、经济价值和科学价值的石质艺术品。此外，还可涵盖奇峰异石等自然景观石及工艺石等。

赏石是一项古已有之的文化艺术活动，曾经流行于文人士大夫圈，至少在宋代开始，已经发展成相对独立的艺术门类。时至今日，赏石对象从过去以天然岩石为主向矿物晶体、化石等其他类别扩展，赏石活动由精英文化向大众文化转变，成为了雅俗共赏的文化活动，赏石艺术并且已经成为了国家级非物质文化遗产代表性项目。

所谓赏石艺术，便是以观赏石为审美对象，通过对其自然的造型、纹理、色彩、质地等元素所构成呈象的发现和构思，赋予其审美意韵和人文内涵，从公共空间、园林庭院到厅堂案几乃至掌上把玩，营造合适的置放和藏玩形式以及创作表现方式，以命题作为点睛概括，辅以诗文书画阐释其审美意境和体验感悟，使之从自在之物成为了有意味的形式。

本书作者浸淫石界二十余年，收藏有品，著述甚丰，既有详赡的理论知识，又有丰富的实践经验，是中国观赏石一级鉴评师（首批）、高级观赏石价格评估师。书中，作者理论结合实践，通过丰富多彩的典型实物和实例，深入浅出地介绍观赏石收藏和鉴赏的有关实用知识和实践经验，并从中发掘观赏石的文化内涵和艺术之美。本书的出版对于普及与提高赏石艺术、传承与弘扬传统文化，具有十分重要的意义。

中华书局编辑所

2016 年 6 月

目　录

石之体

石之玩

一、景观

二、象形

三、抽象

四、画面

石之赏

一、意韵

二、命题

石之藏

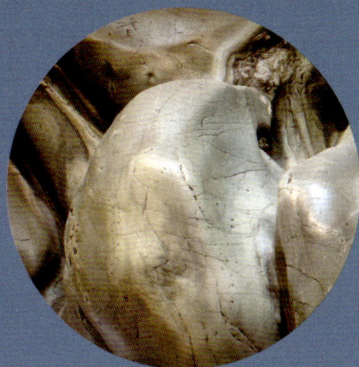

石之体

● 一般来说，收藏赏玩的观赏石，其摩氏硬度起码在 4 度以上方能入选。观赏石强调质地要有硬度，但并非硅（玉）化程度越高越好。

观赏石与宝石、玉石既有区别，也有联系。观赏石质地的佳良，有时候也具有一定的经济价值，这与宝玉石有相似的地方。

观赏石（特别是造型石）讲究皮壳包浆。山石的风化度，水石的水洗度，风成石的风砺度，是判别造型石质地之优劣乃至收藏价值的一个重要参考指标。

● 虽然观赏石以大为贵——特别是一些以质色取胜的主打石种，但不同石种之间没有可比性。尺寸只是观赏石鉴评之中的一个辅助指标。

观赏石有原石和加工石之别。造型石一般是不允许加工的，但切底石是一个例外。

观赏石有正反面阴阳之分，很少有正反面都能观赏的石头。观赏面再多，也会有一个主视面。

●造型石类的色彩以单色为佳，突出观赏石稳定、庄重的特性。黑色是造型石中的首选之色。

色彩还是赏石观念的风向标。如古代赏石大多色彩单调沉敛，而当代赏石提倡色彩亮丽光鲜。

●观赏石的纹理大致可以分为两类，一类为隐于石表的平面纹理，以图纹石最为多见；一类为凸于石表的皱褶，多见于造型石。

各地有一些以观赏石的纹理特征来命名的石种，有的是造型石，更多的是图纹石。

在岩石类观赏石之中，化石因其围岩的特殊性和数量的稀缺性而更添意韵。

一、质地

（一）硬度有讲究

一般来说，收藏赏玩的观赏石，其摩氏硬度（又称刻划硬度）起码在4度以上方能入选。摩氏硬度从软至硬共分10度，观赏石的硬度一般在4至7度之间，通俗一点说，刀刻不动的石头都可以列入观赏石之选（一般钢刀能够刻划5.5度的石头），其中也包括一些以自然造型或纹色作观赏的玉石，俗称观赏玉，尤其以和田玉为代表。正是基于这个原因，印章石（摩氏硬度2—2.5度）和砚石（摩氏硬度3—3.5度）一般都不列入观赏石范畴，通常把它单列为文房石。当然，也有个别特殊情况要予以区别对待。比如在文房石中，便存在着观赏石的形式，如青田石、寿山石过去常被模仿加工成奇石山子或砚山形状，有的印石（如昌化鸡血石）、砚石（如端砚石眼）因为有美丽图纹而作清赏之物，更有的印石（如寿山石中的田坑石）、砚石（如端石中的子砚）因为天生璞岩，可以不事雕琢，被视作天然奇石来供奉。

观赏石之所以强调高硬度，主要是因为不易人为雕琢加工，取其天然之姿，即使加工过的也能够从其断口处分辨出来。高硬度的观赏石还有许多优点，如不易风化变形，不易受损，便于永久保存；不易吸收水分，即使空气湿度再高，或久经风吹雨淋，也不会像软石类那样容易生长苔藓之类，影响观瞻。另外，高硬度的观赏石容易清洗干净，石表和内部无法侵入或容纳邪气污垢，从视觉上往往给人以坚贞、凛然不可侵犯的感觉。但硬度、致密度太高如同宝石一般也不合适，只有硬度、致密度适中才会有"养石"的效果，即抚玩时间越久，石头表面会越来越光亮可鉴，古意益然。日本水石界还有"保水"之说，即一方好的观赏石，洒水后应能长时间保持湿润的色彩与趣味，石质过硬无以生此妙趣。

1

2

1. 和田观赏玉"静思"，为禅僧状人物形象（高30cm，马吉青藏）

2. 印石中的田坑石以寿山田黄石最为典型，近年来新发掘的浙江昌化田黄为后起之秀（高8cm，孙为藏）

清代灵璧石"状元石"，包浆滋润，黝而有光，妙在似与不似之间（高35cm，胡可敏藏）

清代灵璧石，稍作雕刻成龙形，叩之有金玉之声，可作清赏（架高 50cm，佳德藏）

高硬度的观赏石，又以质地纯净致密者为佳，疏松多杂质者为劣。好的质地一般具有硬、实、密、重、滑、润等特征，相对来说，那些软、虚、疏、轻、糙、干等状质地属于不上品。质地纯净致密的观赏石，掂之手感沉重，有的石表夹杂有白色石英条纹（石英摩氏硬度为 7 度），很容易判别。另外，有的石体单薄的地方用手指叩击会发出很清脆的声音，以灵璧磬石最具代表性。在叩石辨声时，需注意让石头处于一种自然的出露状态，否则石头或是半埋于土中，或是深嵌于底座里，或是紧握于手上，往往会声音失真。从石头撞击所发出的声音中，也能分辨出其质地的优劣。一般声音越是清亮，说明质地越致密纯净，硬度相对来说也越高；声音越是沉闷，质地大都疏松芜杂，硬度则越低。有的奇石有破损者，叩之音声会差一些。

观赏石由于品种的多样化和多元性，往往同一种类存在不同质地的（亚）石种。比如灵璧石之中，就有黑、白、红、灰四大类一百多个品种，其中磬石质地最佳，属于隐晶质岩石灰岩，叩之有金玉之声，灵璧磬石之所以能发出悦耳的声响，是因其质地纯净，矿物成分较为单一（其中方解石占 95% 以上、白云石大于 3%、黄铁矿和铁的氧化物小于 2%，以及微量泥质），且具有等粒或近似等粒的细晶粒，岩石本身结构较致密。有的在同一块石上不同部位的矿物成分和结构稍有差异，发音就有所不同，从而产生"八音"。一般来说，其声音越清脆悦耳，余音越宛转悠长者越佳。古代曾被用来制作编磬。现在，则用来制作石琴，音声锵然悦耳。磬石用于制作钟磬，其实更多的并非是天然造型的奇石，而是灵璧县磬云山所产的层叠状岩矿。可见，灵璧磬石不但可赏，而且可用，它在灵璧石乃至整个石灰岩类的观赏石（包括太湖石、英石等）中的

安徽灵璧磬云山的层叠状岩矿，为历代石磬的取材之处

质地也是佼佼者，这也是为何古代一直将灵璧石视为赏石首选的根本原因。

（二）玉石皆有别

观赏石与宝石、玉石既有区别，也有联系。这三者虽然都属于石头的概念，但后两者强调工艺性，而前者注重天然性。宝石从广义概念来说，是指所有工艺美术的矿物原料，如欧美国家通常把中国的玉石、珍珠、珊瑚等都统称为宝石。狭义概念是指符合工艺要求的天然矿物单晶体。有人曾将硬度大于8的称为宝石，小于8的称为半宝石，要求不带杂色，具透明度。玉石则是指达到或具备工艺要求的所有矿物集合体（岩石），要求色调纯正，呈半透明状，硬度在4以上。所以观赏石与广义的宝石特别是玉石有交叉重复之处。如玉石中的玛瑙，在观赏石中也是比比皆是，如雨花石（蛋白石及玛瑙石），在单独清供赏玩时是观赏石，而加工成器玩时又变成了玉石。这种角色转换的现象，也反映出观赏石概念的外延正在不断扩大，至少在硬度上，观赏石已与玉石接轨了。目前，不少

五彩缤纷的雨花蛋白石，质地温润，色泽纯净，既可清赏，又可作雕件（柏贵宝藏）

新命名的玉石（大多为硅质玉），多为赏石界所开发，如桂林鸡血玉、云南黄龙玉、新疆金丝玉、广东台山玉、内蒙古阿拉善玉、广西来宾水玉（大湾玉）等。

关于玉与石的区别，即玉石之辨，简单地说，只有质地温、润、坚、密、透五美皆具者方可称为玉。具体地说，温是指玉色悦目，有美感。润是指玉体液足有油性，无干燥感。坚是指不受刀，唯上好瓷片方可划痕。（宋代苏东坡则称："必磁碰不入者乃真玉也。"）密是指质地细致紧密，有沉重感。玉的比重要高于石的比重（唐代贾公彦有"玉方寸重七两，石方寸重六两"之说）。温润而欠坚密者谓之"次玉"，如寿山石。坚密而欠温润者谓之"似玉"，如京白玉。京白玉，俗称晶白玉，因产于北京燕山一带，历史上称之为燕石，又称婴石。它的主要产地在北京西山大石窝狼儿涧一带的水溪里，色白似玉。清代陈性在《玉纪》中称："非真巨眼，鲜不以燕石为玉。"清代晚期，因为和田白玉越来越少，曾经有一段时间用京白玉加工成器充作宫廷的玩用，时人樊彬在《燕都杂咏》中有诗言道："自古夸燕石，光华白玉如。至今狼涧底，采取供丹除。"便是指这种情形。"次玉"因为质地欠坚密，容易受刀而易鉴别；"似玉"则因质硬似玉、坚不受刀，较难甄别。历来以石充（白）玉者以后者最为多见。据统计，汉代许慎在《说文解字》一书中，列举"石之美"（即玉）者有3种，"石之次玉"者有6种，"石之似玉"者有24种。透是指玉体局部打光，可见微透明或是半透明效果，有的不用打光也能显见透光效果。

关于玉的分类，西方学者有硬玉、软玉之说。硬玉就是指翡翠。所谓软玉，就是指和田玉，主要成分是透闪石。其实，在观赏石之中，也有一些玉化程度颇高的石头也含有透闪石成分。如广西大化石，有的含有透闪石，又称彩玉石。产自广西大化县岩滩附近红水河河床中，生成于2.6亿年前的古生界二叠系，属海相沉积硅质岩，原岩为火成岩与沉积岩之蚀变带硅质岩石，摩氏硬度约6度，有些硬度甚至在7—8度之间，质胜于玉，"宝气"十足，水洗度极佳，石肤光润细腻，有的具有瓷釉韵致，色彩艳丽古朴，层理变化有序，纹理清晰，有的呈半透明状，以质、色取胜，堪称观赏石中玉化程度最高的品种。此外，如龙滩彩玉石、百色硅石、来宾水玉、唐河彩玉、罗甸彩石之中，甚至一小部分长江石中，也有透闪石成分。更多的所谓玉化观赏石，其实其成分都是二氧化硅（石英），俗称硅质玉。硅质玉中比较知名的玉石有玉髓、玛瑙、欧泊、木变石等。这里，硅化和玉化成了同名词。透闪玉的结构呈纤维状，而且温润度高，相对

广西大化石"玉兰",大化石以质色取胜,有的质地玉化程度颇高,局部可以透光,有的也被作为雕刻材料(高 40cm,施刘章藏)

四川绿泥石之王"聚"，宽330cm，重达14吨，质地玉化，景观山形，极富张力，气势不凡（张炜藏）

来说，硅质玉结构要粗脆一些、温润度欠佳，而且数量远远超过透闪玉。当然，虽然硅质玉整体来说密度、韧度、温润度稍逊，但比起透闪玉来说往往硬度更高，色彩更丰富鲜丽，视觉效果更佳。

判别玉与石之区别，一是辨光泽，玉质光泽是一种带有暖色调的从内中焕发出的柔和光，石头抛光以后大都是浮于表面的刺眼光（又称贼光）。二是辨温润，玉抛光后一般都有油脂感，或者把玩越久越有油脂感，石头则只有光滑感。三是辨声音，玉与玉叩击之声往往多清越悠扬，而石与石叩击之声大都为浑脆。四是辨重量，玉的比重比石要高，掂之有沉重感。五是辨断口，玉有韧性，不易断裂，断面多呈参差状，石为脆性，断口多为齐平状。六是辨透度，凡是玉材，全部或是局部会有透明度，手电筒照明后能显出一定的透明度，石头则基本不透光。

值得指出的是，除了玛瑙、玉髓、欧泊等质地之外，许多石种之中都有玉化程度颇高的石头，其价值往往要高于普通材质的，主要集中于水冲石、风砺石类，除了其本身先天所具备的硅质岩特质之外，外界后天如水流、风沙等的淘汰激荡、去粗存精，居功至伟，所谓狂沙吹尽始到金。

观赏石质地的佳良，有时候也具有一定的经济价值，这与宝玉石有相似的地方。宝玉石的经济价值评定依据，一般是颜色的纯正度与质地的纯净度。作为宝玉石利用的矿物、岩石必须具备美观性、耐磨性、稀有性和时髦性。目前世界各国已利用200多种天然矿物和岩石来琢磨加工各种精美的工艺品。我国有很多硅质岩类观赏石，其中一部分因为玉化微透明的质地和鲜丽的色彩被人们所激赏，被冠之以各种玉的名称，如云南黄蜡石、广西大湾石、大化石、三江红彩卵、内蒙古戈壁玛瑙等，分别被冠名为黄龙玉、来宾水玉、大化彩玉石、阿拉善玉、鸡血玉等，用于把玩特别是加工成雕件，价值不菲，有的甚至已经以重量计价。相对来说，玉石类质地（硅质玉）的观赏石更接近于宝玉石类，经济价值要高过一般质地的。

如福建九龙璧，学名"条带状钙硅质角岩"，因主产于华安县，当地称之为"华安玉"。作为一种观赏性天然岩石，被直呼成玉（璧）者，在观赏石大家庭中也是极为少见，可见其具有独特的质地。其质地细腻、色彩鲜艳、纹理清晰、抛光后亮度可达100度，是独特的高级石（玉）材。摩氏硬度达6—7.5度，硅（玉）化程度非常之高，具有很高的二氧化硅、氧化铁、铝和透辉石等含量，堪比硬玉，

福建九龙璧"金字塔"，质地硅化程度极高，形成难度很大（高35cm，何岗藏）

在玉石分类中属彩玉石。2000 年，中国宝玉石协会将其与岫岩玉、和田玉、独山玉并列为"中国四大名玉"。也就是说，九龙璧其质地一身而兼两任，这在观赏（水冲）石也是不多见的。而且从加工开发价值来看，九龙璧具有质地细腻、硬度高、耐磨、耐腐蚀等优点，有其产业化优势，目前已开发出雕刻工艺品、高档仿古家具、高级装饰板材、卫浴洁具、保健实用品等系列产品200 多种。如果说，观赏石具有观赏价值、收藏价值、科学价值和经济价值的话，那么九龙璧的实用（工艺）价值也是其他石种所不具备的。

观赏石强调质地要有硬度，但并非硅（玉）化程度越高越好。一则是，观赏石毕竟有别于玉石，主要是以欣赏天然造型、画面为主，并不十分强调质地，质地玉化程度越好，往往意味着其造型方面会有一些欠缺。所谓鱼与熊掌，两者不能得兼。比如，以瘦、皱、透、漏为特征的古典赏石，其质地多为碳酸岩类山石，因为容易受到土壤和水流的酸蚀和激荡而出形，但玉化程度高的水冲石却无法形成瘦、皱、透、漏造型结构。和田玉为什么籽料质地最好，就是这个道理。有的和田观赏玉也以赏玩造型和纹理图案为主，但其质地的纯净度（透闪石含量）和白度都会有所欠缺。二则是，无论是造型石、图纹石还是色质石，不同的观赏特点决定了其不同的定位，质地都是为形状和画面服务的，质地再好也不过是锦上添花而已。同样可作比较的是，作为造型石和图纹石相对应的

13

和田玉（青花）籽料，有的具有山水画意，可以作观赏玉（宽16cm，枕石斋藏）

艺术品形式——雕塑和绘画，也不强调以质地（材质）为先，材质的优劣对于其本身价值并不起决定性的作用。

（三）皮壳很重要

以天然岩石为审美对象的观赏石，如果从地质学的角度讲，大致可以分为岩浆岩、沉积岩、变质岩三大类。从产出地方来分，可以分为山产石、水产石、风成石三大类。不同品类的观赏石，包括同一品类的不同石种，以及同一石种的不同石头，其石表皮壳都有细微差别。其中，山产石（如灵璧石）称之为风化度，水产石（如大化石）称之为水洗度，风成石（如内蒙古戈壁石））称之为风砺度。

灵璧石"卧牛"，灵璧头皮石一般皮壳完好，质地油润，纹理清晰（宽38cm，恒大奇石馆藏）

其实，所谓风化度、水洗度、风砺度是一个意思，就是所谓的包浆。这也是判别观赏石（尤其是造型石）质地之优劣乃至收藏价值的一个重要参考指标。

一般来说，山产石以表层或是接近地表的石头风化度要好一些，如灵璧石有头皮石之说，就是指这层石头，有的露出地表，有的埋在浅土层，因长时间受雨水滋润，皮壳完好，质地油润，纹理清晰，没有明显石根（即红黄色的砂浆附着上面，非常硬结，很难清除。通常埋藏越深，石根越明显），容易盘出包浆。而越是深土层，皮壳越是干涩，越难养出包浆。

水产石的皮壳好坏则与水冲的程度有关，并不一定与河水的深浅有关。如广西大化石，产于大化县岩滩红水河中，红水河滩多水急漩涡多，河床坡度变化大，尤其是深水河床水流湍急（水深从三四十米到七八十米不等），其中所产的大化石水冲度最佳，不少石表甚至形成一层釉面，佳者称之为玻璃包浆，

内蒙古沙漠漆"喜从天降"，沙漠漆以金黄色为正色，极具富贵气（高 30cm，陈时洪藏）

带有金属光泽，滑不留手，以至于人为包浆根本无法上去。这种水洗度好的水石，既与其自然水流长时间的激荡程度（包括水流中的漩涡）有关，也和石头本身的质地佳良有关，这往往是通过去粗取精后含杂质少的硅质岩。而有的水冲石如广西摩尔石、贵州盘江石等，外界条件再好也难起包浆乃至釉面，这多是因为其非硅质岩（如砂岩），或者是含杂质较多的硅质岩。

风成石也是以戈壁大漠的表层石或是接近表层的石头为佳，至于戈壁土层深处的石头，表面僵结粗砾无光泽，很难再盘养出包浆。如内蒙古戈壁石和新疆风砺石，表层石的石表经过了自然风沙上千万年的吹刮，已有很好的自然包浆，根本用不着人为再养包浆，这些石头往往是碧玉质、玛瑙质等硅质岩，典型如沙漠漆。由于戈壁大漠地区常年高温干旱，早晚温差极大，含矿物质的地下水蒸发后，常在石体表面残留一层红棕色氧化铁或黑色氧化锰薄膜，由于含盐量高，在砾石表面形成许多露珠状的水点，这些矿物质并渐渐进入石内一定深度，形成各种画面图案，像涂抹了一层油漆，故名沙漠漆，以金黄色为贵。砾石又经风沙研磨，使石表更加细腻滋润。

上述的风化度、水洗度、风砺度，其实是石头的自然包浆。包浆的本义与古老和旧气有关，原来是古玩行业的术语，意指古玩文物表面由于长时间氧化形成的氧化层，也就是所谓的"光泽"，这既与空气有关，更与人的抚玩接触有关。

喜欢古典赏石的人，往往比较欣赏石头表面那种古朴深沉的色调，即所谓包浆，日本玩石界称之为"锈意"，这似乎更能体现出"石令人古"的意韵。事实上凡是经过前人长期抚玩的旧石，人气和汗液会慢慢地积淀于石表，形成一层黝然有光的皮层，这种包浆可以说是一种古雅之征，不可轻易涤除。但按照包浆的成色来判别年代，很难有一个量化的尺度，因为从某种程度上讲，包浆与抚玩时间的长短有关，即使年代再久，如果缺乏长时间的抚玩（如园林置石），其包浆也是无法深厚的，更何况有的包浆可以人为"速成"。一般来说，做旧的包浆感觉会有点"脏"，表面缺乏光泽度，而且石表包浆均匀一致，包括那些人手很难触摸到的地方，不同于老包浆。其实，真正的古石，包浆往往并不一致，经常抚玩的地方包浆会浓郁一点，光泽度较强，有的沟壑深处包浆也无法覆盖。

虽然在竹木牙角等传统文玩之中，很多能够起包浆的并不亚于石头，但观赏石的包浆有其特殊的地方，一是容易人为快速起包浆，特别是一些如灵璧石之质地较为坚密的山石类。二是有的石头有自然包浆，不同于人为包浆。自然包浆与人为包浆貌合而神离。一般而言，人为包浆即使时间再悠久，也可以清洗干净，而自然包浆即使年代再短暂，也往往数以万年计，而且永远无法去除。自然包浆虽然往往没有那种古旧之气息，但如果不加明辨，也容易"走眼"。

观赏石的养护，某种意义上讲就是盘包浆。自然包浆的有无和好坏，是判断山产石、水产石、风成石质地优劣和价值高低的重要标志，以至于有的石商用喷砂、抛光等手段将自然包浆欠佳甚至没有的石头做包浆，这种通过技术手段"速成"的包浆，往往贼光铮亮，表皮没有毛孔，缺乏自然气息。

石皮好比是人的肌肤，一般都有肉眼可以察觉或是难以察觉的毛孔。当石皮过于紧致细密光滑几乎没有毛孔的时候，如内蒙古戈壁沙漠漆和广西红水河优质水冲石等，都是经过了上亿万年的风砺水洗，就像是经过了人为抛光一样，即使人为再怎么抚摸把玩，也难以再上包浆；当石皮十分粗松乃至肌理颗粒几乎肉眼可辨的时候，如四川长江石、南京雨花石等，也难以上包浆；只有当过犹不及的程度的石皮，才会玩出包浆的最佳效果。需要指出的是，无论是矿物晶体还是化石，都不把包浆作为玩赏之要务。有的石头，还不宜直接上手养包浆，如许多图纹石（如长江石、雨花石、大理石、草花石等）都不玩包浆，因为包浆玩的是旧气，加速氧化以后石皮往往会变深变黑，而图纹石大多玩的是画面清晰明丽，反差强烈，更强调原生态，两者之间有冲突。

至于新采集到的石头（特别是山石），火燥气较大，如果要在短时期内达到旧石的观赏效果，可以适当上一些油蜡（油蜡以无色无味的为好，包括凡士林、婴儿润肤油、按摩油等），用棉布或是兽皮之类软质材料反复擦摩。有的表皮较粗的图纹石（如长江图纹石），宜用蛋清来养石，蛋清可以在石表形成一层透明的薄膜，近似于石头沾染湿水（如同雨花石水养）的效果，使得石头的色彩和对比度进一步加深。此外，经常用浓茶水浇洗观赏石，也可以增加养石效果。一般来说，奇石质地越是坚致细腻，养石效果也越佳。

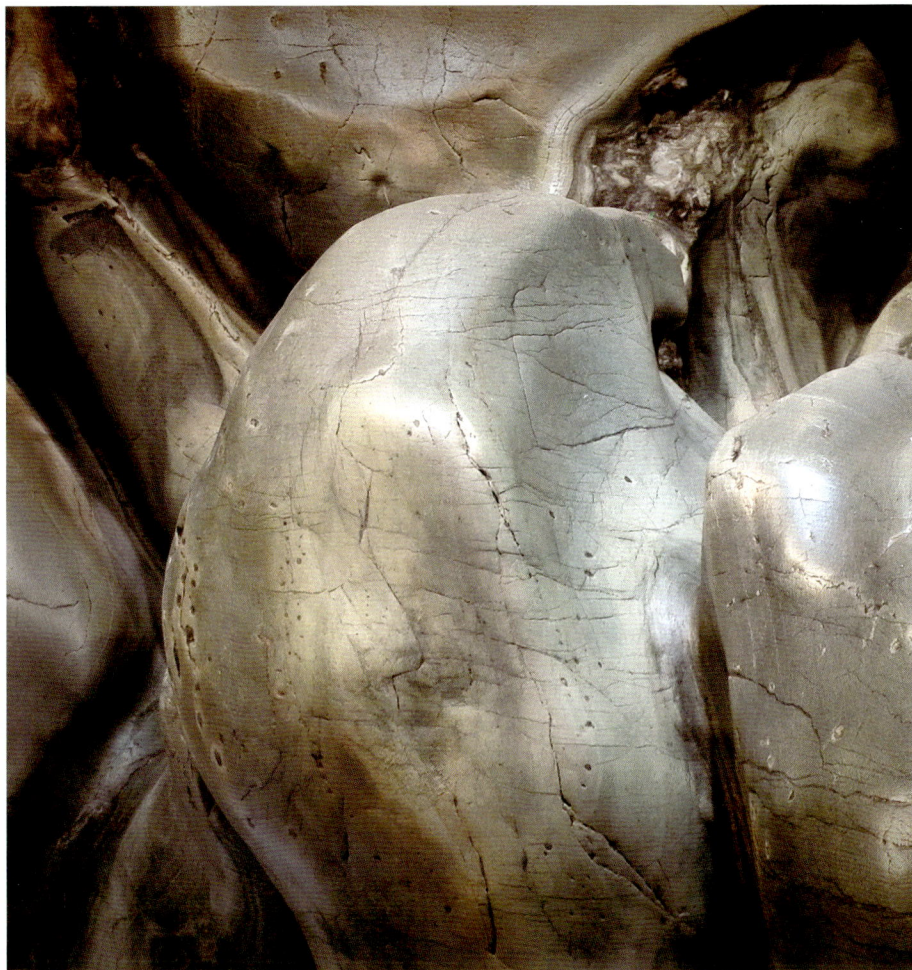

四川绿泥石之王石皮完好，硅化程度颇高

二、色彩

（一）黑色为上选

观赏石各色皆备，其中如内蒙古戈壁石、江苏南京雨花石、广西大湾石等可谓异彩纷呈，七色皆备。但观赏石各个品种更多是间色或杂色，色调大多较为深沉，明度高的并不多见，纯粹的单色（七色）也比较少见，其中蓝、紫色尤为少见（矿物晶体则均有）。如果各种色彩要列举一个代表性石种的话，那么，红色有贵州马场红，橙色有广西大化石，黄色有云南黄蜡石，绿色有广西彩陶石，青色有贵州青，蓝色有湖北绿松石，紫色有广西三江石（紫彩卵），黑色有安徽灵璧石，白色有江苏昆石，等等。

观赏石中，也有以色彩来命名的石种。如黄蜡石、贵州青、马场红、古铜石，等等。如古铜石，又称夜郎铜石，主要产于贵州省安顺市普定县三叉河流域马场一带，该石以其色酷似古铜而得名，质地坚硬，摩氏硬度为6度以上，呈古铜色，又被戏称为"铁疙瘩"、"铁丸石"。石上肌理凸凹纵横，包块、沟槽、圈点自然天成，容易出图案，古朴典雅。

造型石类的色彩以单色为佳，突出观赏石稳定、庄重的特性。一般来说，色彩单一无杂色的观赏石，比色彩斑驳多杂色的质地要纯净，硬度也高。而且造型石类是以造型作为主要观赏特点的，色彩繁多容易使观赏者分散注意力，除非是一些状形像物的俏色，才是不可或缺的点睛之笔。

黑色是所有色彩中最为稳定的一种，其他色彩（特别是比较鲜艳夺目的）在长期的曝晒之下往往会氧化变色，或是容易沾染杂色，影响观瞻。即使从保洁的角度来说，黑色的奇石也要方便有利得多。另外，从视觉效果来看，黑色给人以一种神秘高古的感觉，容易使人产生一种思古之幽情，最能体现出"石

1 由各色戈壁玛瑙等组合而成的水果篮，色彩十分悦目（王太林藏）

2. 贵州马场红"红岩金龙"，红色的亮度、明度都很高（宽40cm，黄果树奇石馆藏）

3. 七彩纷呈的雨花玛瑙，十分养眼（征争藏）

1. 贵州古铜石色如古铜，肌理更有特色（宽 16cm，枕石斋藏）

2. 广西来宾石"象鼻山"，来宾石以富于雕塑感著称，以黑色为佳，往往黝而有光，佳者称黑珍珠，是水冲石中的典型（高 35cm，刘及响藏）

3. 日本水石名品"残雪"，黑白分明，很具视觉冲击力（宽 30cm，徐文强藏）

金沙彩玉石"石魂"，色彩极其丰富，具有浓彩油画的意味（宽152cm，肖传星藏）

令人古"（明文震亨《长物志》）的旨趣，容易使人进入一种玄想之境，所以黑色是造型石中的首选之色。包括日本的水石、韩国的寿石等，也是以黑为贵，色调注重深沉稳重。日本水石特别强调洒水后饱含湿润之姿的"真黑"尤佳，苍黑、灰黑次之。黑色的奇石以灵璧石、英石、广西来宾石（黑珍珠）、墨石等为代表。

黑的反面是白，白色的奇石以昆石为主要代表。相比之下，这类石头很容易蒙尘纳污，保洁就成为一个很突出的问题，考究一点的话要把它们置放在玻璃罩柜中才不致于影响观赏效果。

虽然，色彩过多会对观赏石审美主题有所干扰，但当一方观赏石色彩超过四五种以上，甚至是七色皆备的时候，便又是非常难得一见的，其本身就有稀缺性。如四川金沙彩玉石，产于金沙江中，地质年代为距今8—10亿年的晚元古代早期。属于绢云母石英片岩，含绿泥石、方解石、白云石和石英等，大部分呈黄、白、红、绿、赭色，五色交织，浓淡过渡，少部分甚至于七色相叠，石上层层的沉积岩片剥蚀镂刻出重峦叠嶂、高山流水的奇景，有的还含有金矿成分，带有金色光斑，给人以金碧辉煌的感觉。据当地传说：共工撞倒了不周山，女娲炼石以补天，而女娲是蜀地人，补天所用的就是金沙彩玉石。根据《史记·三皇本纪》记载，女娲当初是炼出五色石以补天的，现实世界中确实是很少见到像金沙彩玉石这样的五色石的，或许就是女娲补天时留下的灵物。

（二）古今有分别

色彩还是赏石观念的风向标。如古代赏石大多色彩单调沉敛，这也符合传统文人内省型的性格特征，而当代赏石提倡色彩亮丽光鲜，这与当代人的生活多姿多彩以及高调张扬的个性相仿佛。当代赏石注重色彩的光鲜亮丽，其实从晚清已经初见端倪了，如当时流行收藏的孔雀石、黄蜡石，以色见长，昭示了赏石风向标的一种变化和变迁。晚清岭南文人收藏家梁九图（1816—1880）性喜黄蜡石，他在《谈石》中说，"腊石最贵者色，色重纯黄，否则无当也。"首次提出以色为贵，与传统注重的形为贵已经有了天壤之别了。

如果要举个例子说明当代赏石对于明丽色彩的注重偏好，莫过于广西彩陶石了。彩陶石主要产于广西红水河流域合山市境内的马安村河段，发现于1990年代初期，它的鉴赏不但突出了以艺术特征命名，而且更注重色彩，尤其是绿色。绿色，是大自然的主要基本色，也是一种具有生命活力象征的色彩，所以绿色有无公害、健康的意味。在中国的五行学说中，绿色是木的一种象征，有生命的含义，也是春天的象征。绿色代表着和平、宁静、自然、环保、生命、成长、生机、希望、青春……但在观赏石中以绿色为主色调的却很少见，它与石头的永恒、古老也形成了鲜明的对比。可以说，绿彩陶的出现颠覆了以往人们对于石头的固有观念，绿彩陶注重色彩纯净，了无杂色，不重纹理，无论是对于古代还是当代赏石来说都是全新的，也引领了以后水冲石收藏欣赏重色、重质（玉化和水洗度）的新潮流。

云南黄蜡石（黄龙玉）"罗汉"，色彩富贵喜气，造型形象生动（宽58cm，招雪芬藏）

1

2

1. 彩陶石常见黑、黄、绿色，以绿色为佳（宽48cm，兰毅忠藏）

2. 贵州马场石以红色最为多见，绿色颇为少见，象形人物更不多见（高40cm，孙瀑恩藏）

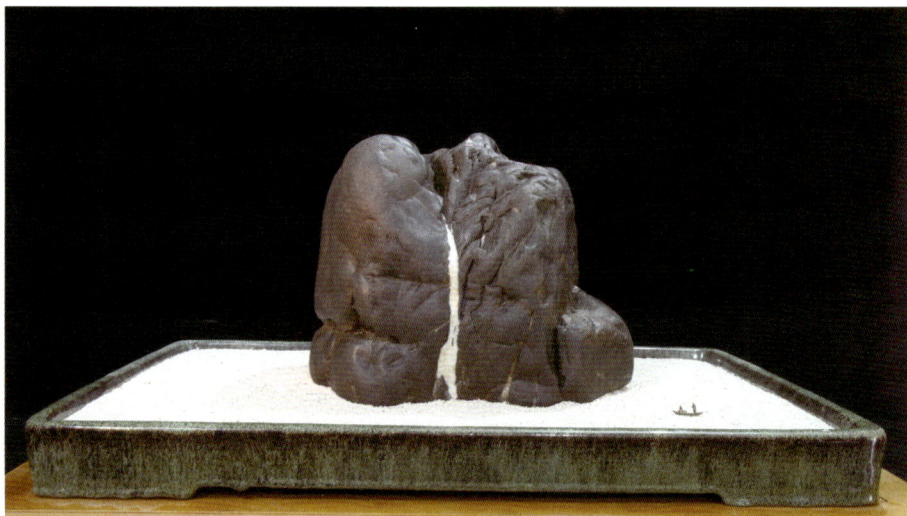

贵州盘江石常见瀑布状纹理，黑白分明，颇具特色（盆宽80cm，得云轩藏）

图纹石中的纹理图案是由于杂质的掺入而形成的，故其色彩大多有别于石体而显得格外醒目。这些纹理有的深入肌里，有的浮现于表层，一般强调"纹要成物，色要相合"。比如纹理是一朵绽放的玉兰花图案，颜色而且正好是白色的，那么纹与色可称得上是最佳结合了。纹理色彩与石头本色（底色）的色差对比越强烈越醒目，观赏效果也就越佳。其中值得一提的，便是瀑布石。瀑布石在一些山石、水石之中时或能见，一般是黑质白章，十分醒目。最典型的莫过于贵州盘江石，产于贵州省黔西南州兴义市与安顺市相接一带的南北盘江及其支流河床中，石质以青黑色的石灰沉积岩为主，石质硬度约4度，软硬适中极易出形，以山形景观最具特色、最为典型，其中嵌入方解石或石英石等物质，构成像瀑布样的白色筋纹，呈现出单瀑、双瀑、多瀑、瀑源、瀑口、瀑帘等多种形态，或飞流直下、或涓涓细流，蜿蜒于石壁，秀丽无比，与山形景观形状配合十分自然和谐。值得一提的是，盘江石所出产的南北盘江大峡谷，各种类型的瀑布群颇为壮观，包括著名的黄果树瀑布群，所以，安顺又有"中国瀑乡"之美誉。瀑布石产于此，真可谓一方水土养一方石头。

有的奇石，色彩有截然不同的差异，并且缺乏过渡（色），这往往是由于不同的质地所致，既能出彩，也是属于可遇而不可求的巧石。如有的内蒙古戈壁石，碧玉质与玛瑙质共生，质色之间对比分明强烈。又如青海结核石，是一种砂积石，产于青海省海南藏族自治州贵南县穆盖滩和互助土族自治县康巴村一带，又称贵南石、康巴石。一般石头都由数个大小不一的球状结核结合在一起，

青海结核石"米奇"，黑色球状结核在棕黄色石体上格外诡异，十分卡通（高50cm，徐伟崇藏）

构成类似卡通玩偶、动漫中的变体形象，所以也称之为卡通石。球状结核是沉积岩中某种成分的物质聚集而成的团块，由细粒砂和黏土组成，胶结物为石灰质碳酸钙。其结核多为土黄色、黄褐色。有的则凸起呈黑色结核，这是地下水溶解沉积物中的铁／锰氧化物与砂质胶结在一起，形成的铁／锰矿物沉积，十分醒目奇特。

色彩的形成，往往是与致色的矿物成分有关，这也是发现有关矿藏的一个直接途径。如山东泰山石的致色成分中，白色是由方解石、白云石、斜长石、石英、高岭石等构成，红色是赤铁矿、正长石，暗红色是赤铁矿，褐色是氧化锰，绿色是绿泥石、绿帘石、阳起石，黄色是褐铁矿，黑色是碳质、角闪石、辉石，等等。

（三）色彩讲寓意

相对于矿物晶体、宝玉石的色彩，岩石类观赏石无论是色相、明度还是纯度——即色彩三要素都要逊色不少。色相，是指能够比较确切地表示某种颜色色别的名称。明度，是指色彩的亮度或明度，有深浅、明暗的变化。纯度，是指色彩的纯净程度，它表示颜色中所含有色成分的比例。即使是同样的色彩，因质地的差异也有所区别，如马场红与三江红，前者产于贵州省安顺市普定县马场镇一带数公里的三岔河河段内，二氧化硅含量可达75%以上，系前寒武纪海底火山喷发的玄武岩浆与硅质岩浆通过高温高压交织变质而成，一般摩氏硬度在7度以上，有的可达7.5度，硅化程度高，玉质感极强；后者产于广西柳州地区三江县境内融江河段及上游龙胜县境内三门镇一带，矿物成分以红碧玉石

由各色矿物晶体组合而成的花篮，配置于油画框中，成为立体的画（高40cm，赵德奇藏）

英为主，并含部分高价铁和低价铁，是富含硅铁质的变质火山岩——碧玉岩（又称桂林鸡血玉），摩氏硬度为6.5—7度，硅化程度和玉质感均比马场红略为逊色。所以前者的色相、明度和纯度比起后者来都要高一点，又有"国红石"之美誉。

色彩既与原石的矿物成分有关，也与其所处的环境有关，有原生色和次生风化色之别。原生色是岩石、矿物形成时的固有色，色质、色度较稳定而均匀；次生风化色是岩石接近地表或处于地表风化条件下的次生染色，色质、色度、色调多变而不均匀，常沿裂隙（节理）、层理或不同孔隙密度而呈不均匀扩散状。比如矿物晶体多处于封闭的岩洞，相对于裸露于大自然的岩石来说，不容易风化变色。所以，即使从色彩的鲜艳度和稳定度来说，水冲石要比山石更好一些。需要注意的是，有些深水或是深土之中的水石和山石，其色彩随着被开发和裸露把玩以后，往往会起一些变化，特别是一些色彩鲜艳的容易氧化暗淡，在保养的时候要特别小心，最好涂以水蜡以隔绝空气，并避免阳光照射，如大化石。

在中华传统文化之中，各种色彩都有其一定的象征意味，如红色代表热情、活泼、热闹、温暖、幸福、吉祥，橙色代表光明、华丽、兴奋、甜蜜、快乐，黄色代表明朗、愉快、高贵、希望，绿色代表新鲜、平静、和平、柔和、安逸、青春，蓝色代表深远、永恒、沉静、理智、诚实、寒冷，紫色代表优雅、高贵、魅力、自傲，黑色代表崇高、坚实、严肃、刚健、粗犷，白色代表纯洁、纯真、朴素、神圣、明快，灰色代表忧郁、消极、谦虚、平凡、沉默、中庸、寂寞，等等。

广西三江石中的红彩卵，往往与黑色底色相映成辉（高48cm，高津龙藏）

当然，一些色彩还有双重含义。传统赏石多以暗冷色调的单一颜色为主，比如所谓的"四大名石"太湖石、灵璧石、英石、昆石，这与传统封建文人内省幽寂的心理特征相吻合；当代赏石则以丰富明亮的暖色调最受青睐，突出了个性自由身心解放的时代感，以广西红水河流域的优质水冲石（如彩陶石、大化石等）和内蒙古戈壁石为代表。

色彩的文化涵义，还与古代的五行之说相关。五行之说将天地空间分为东西南北中五方，各方又分属木、金、火、水、土五行，对应为青、白、赤、黑、黄五色。比如和田玉，产自西方的昆仑山，西方属金，主白色。这也是和田玉以白为贵的一个深层次原因。观赏石之中，如果说有一个通贯古今的代表石种的话，莫过于灵璧石。灵璧石产自安徽宿州灵璧县，地域上属于淮河以北，北方属水，主黑色。这也可以解释灵璧石以黑为贵的一个深层原因。黑色象征神秘肃穆、崇高刚健，这与古代文人士大夫赏石的取向颇为一致。从某种程度上说，就像白色是玉的正色一样，黑色就是奇石的正色，白玉对应黑石。如近代流传有这么一副对联："梵夹何妨搜黑石；瓣香聊尔诵黄庭。"（吴湖帆、吴待秋等书画家曾经书写过此联，流传于艺术品拍卖市场。）梵夹是指古代线装书的一种装订样式，借指读书之意。意思便是：读书之余可以玩玩石头，焚香之时可以念念经书（《黄庭经》）。这里，黑石成为了玩石的流行色和代名词。

关于色彩的象征以及特殊含义，可以举藏瓷为例。藏瓷产于西藏东部昌都

1. 美国已故"文人石"收藏家罗森布鲁姆收藏的黑灵璧石（高50cm）
2. 藏瓷"首屈一指"，红黄色颇有西藏宗教文化的区域特色（高48cm，王长河藏）

地区，色彩绚烂斑斓，色调稳重和谐，玫瑰紫、海棠红、柠檬黄、鸡油黄、米琪黄、紫黑等色彩纷呈，更为难得的是，有如郎窑红似初凝牛血一般的猩红，有如泛黑红的祭红，似艺术瓷器金红釉的秀丽妩媚，一石集数种色釉瓷器之特色。而以金黄色、藏红色为主体的色调，极富西藏地域文化色彩。

  藏红色是藏瓷的图腾色调，在其他石种里极为罕见。在藏族的生活习惯和宗教的观念上，红色历来是权力的象征，是英勇善战斗志旺盛的刺激色，它可以使亲者振奋，使敌人丧胆。人们又以红色为尊，以此纪念宗教领袖及英雄人物。红色不轻易使用，主要用在寺庙的护法神殿、灵塔殿（供奉已逝宗教领袖的灵塔）及一些个别殿堂，有着纪念祭祀等重要意义。金黄色是藏瓷的主体色彩，它富丽堂皇、尊贵大气。佛祖释迦牟尼把出家人的袈裟颜色定位为黄色。藏语中"黄"作为出家僧人的别名，黄色代表着地位，西藏各寺庙中最重要的殿堂都有涂黄的习惯。由此可见，从色彩上讲，藏瓷不愧为西藏地区的代表性石种。

三、形状

（一）尺寸皆有度

观赏石的形状，包括大小尺寸、外形轮廓、内部结构、主题表现等内容。如果说，质地是观赏石的骨肉的话，那么形状（造型石）便是其灵魂了，尤其是在表现一定或是特定主题的时候。

据中国地质调查局的统计，中国观赏石品种不下五六百种，石种之间不但质、色、纹等存在差异，而且在形状方面也差异很大。比如形状大小，以广西水冲石为例，有的石种以小品为主（如大湾石），有的石种以标准石居多（如石胆石），有的石种则以园林石见长（如都安石），也有的兼而有之（如大化石）。这里的所谓小品石、标准石、园林石，都是根据其尺寸大小而定的。

虽然就像国画按尺论价一样，观赏石也是以大为贵——特别是一些以质色取胜的主打石种，如沙漠漆、葡萄玛瑙、树化玉等，但其中需要厘清两个问题。一是尺寸的大小，只是根据同类石种而定的，不同石种之间没有可比性。如雨花石以小见长，太湖石以大见长，两者按照大小来比较其价值并不妥当。二是以大为贵，只是一个大的原则，即使在同类石种之中，也不能排除有的尺寸小的价值（包括观赏价值、经济价值）要远远超过尺寸大的。也就是说，尺寸只是观赏石鉴评之中的一个辅助指标，在考虑尺寸大者优先的同时，也不能一概排斥尺寸小者，还是要根据具体石种、具体内容而定。

在绝大部分石种之中，普遍存在大小混杂的情况，尺寸特征不太明显。如内蒙古戈壁石，尺寸大小相差十分悬殊，大小皆有，其中尺寸大者其主题形象逼真讨巧的数量，要远远小于尺寸小者，如果优先考虑尺寸大小的话，往往会得不偿失。所以说，尺寸的大小既与石种的特点有关，也与有关主题形象的形

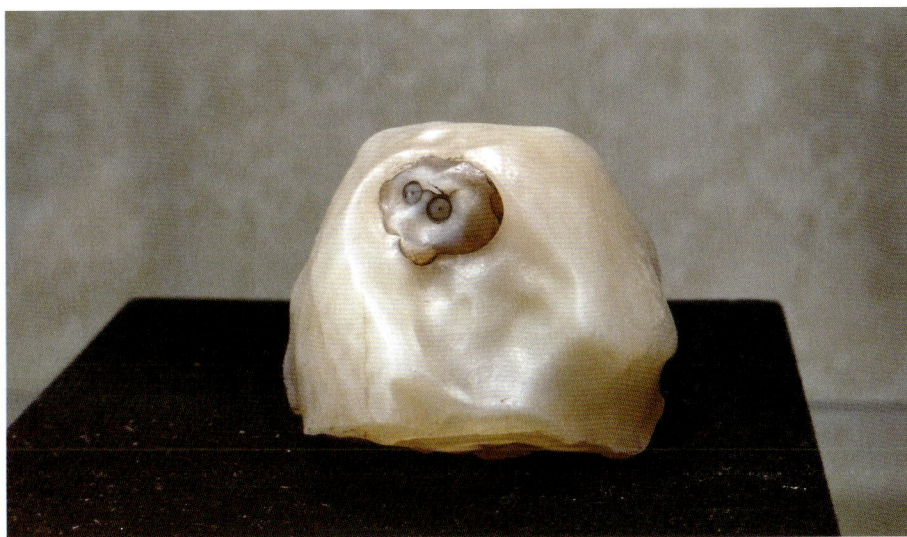

1. 缅甸树化玉"翠鸟",树化玉以质色取胜,个头越大价值越高(宽 24cm,倪国强藏)

2. 内蒙古戈壁玛瑙"悟空",小品石虽小,神韵俱在(宽 8cm,禹玉良藏)

1. 贵州乌江石"仙鹤"，画面和石头外形结合得十分和谐（高 40cm，丁晓光藏）

2. 广西都安石造型结构颇似太湖石，但体量普遍较大（高 580cm，刘开建藏）

3. 九龙璧切底山"秀峦幽谷玉玲峰"，走势合理，峰谷皆备（宽 68cm，魏积泉藏）

成难度有关。比如，内蒙古戈壁石中的小品往往容易出一些象形石，而作为标准石，其形成难度要大得多。又如大化石，往往越大越精彩，相对来说其小品的精品比例要小得多。不同的石种尺寸要求有所不同，比如同样是小品石，雨花石一般直径超过 6 厘米以上就算上品了，而对于大湾石来说就太小了。包括内蒙古戈壁石、新疆风砺石等小品石（作为单品石），一般尺寸最好在 10 厘米以上。

所谓小品石，一般都是将奇石的最大尺径（如高度、宽度、厚度等）小于 20 厘米的视为小品石，其中又以 10 厘米左右的居多。如雨花石，虽然也偶见有大尺寸的，但更多是在 8 厘米以内的。以小品石为主要特征的石种，适合掌玩清供、博古架陈设，以雨花石、大湾石、戈壁石等最为典型。

标准石是观赏石之中最为多见的，一般是指在一尺左右的观赏石，比较适合厅堂展示、公众展览，其中以 30—40 厘米之间的居多。标准石按其尺寸大小及供置特点，又可分为案几石和厅堂石两类，前者多置于案几之上，后者多落地置放。以标准石为主要特征的石种，以彩陶石、摩尔石、黄河石、乌江石等为典型。

园林石大多是室外供置陈列的，尺寸普遍在 50 厘米以上，一般以 1 米左右的居多。以园林石为主要特征的石种，以太湖石、都安石、灵璧石等为典型。园林石和标准石（厅堂石）有时候尺寸大小区别不大，主要区分还在于供置形式，园林石因为供置于室外，其底座都是石制，可以抵御风雨侵蚀；标准石因为供置于厅堂案几，底座多为木制。

观赏石有原石和加工石之别，就像和田玉中的籽料和山料之分。原石又称独石，是指独立成块没有人工痕迹的石头。一般脱离母岩起码数千年，石头表面因久经地气侵蚀和风吹雨淋，形成一层风化皮层，称之为石皮。石皮的完整与否，是判断该石是否原石的主要标志。有的石皮容易起包浆的，更为玩石者所重。图纹原石也讲究形状（俗称石品，即石头的品相），一般以规则端圆为佳。石体表面一般不宜有裂缝、蜜眼之类瑕疵。

加工石之中，造型石和图纹石表现形式不一样。造型石一般是不允许加工的，但切底石是一个例外。切底石，也称切割石，大多是从山岩上切割下来的，是山石的局部。这种做法古已有之，传承至今的一些古石就有这种情况，应该是源自山石盆景的做法，如今山石盆景界仍有此类做法，比较典型的有九龙璧切底山。这类石头尽管经过人为加工处理，但只有一个加工面，而且加工面都

明代大理石屏，石表纹理明显带有凹凸感（宽 40cm，京成藏）

不作为观赏面而置于底部，这样从观赏角度上说同原石并无不同，只是从收藏价值上讲要逊色一些，可称为准自然石。图纹切割石（如大理石）原则上属于平面欣赏，大多需要经过切磨加工等过程，隐现于石之肌理的纹理应该与石表平整一致，有的凸现或是凹现于石之肌表的纹理，应特别注意是否为人工刻意磨琢（点磨）而成的。

其实，图纹石对于外形的要求是非常高的。这里所谓的外形，除了强调完整，即表面原则上不应该凹凸不平或有残缺磕碰之外，更多的是对于整个石头轮廓形状的要求，如雨花石，外形讲究的是扁薄端圆。同样，对于像黄河石、长江石之类的江河类水冲卵石，其外形应该也是以浑圆端庄为佳。这里的浑圆，包括椭圆、正圆、长圆、腰圆等形状，因为无论是从形成特点还是视觉效果来看，浑圆端庄都要比棱角分明或是比例失调的来得更好一些。当然，有的外形还要结合图纹画面的内容特点而定。至于像大理石一类的平面切割图纹石，除了要求表面平整光洁之外，其外形轮廓也要求最好是或方或圆或扇形或规矩，符合国画欣赏的原理，因为其装置形式就是完全取法于绘画的框架样式，所以其裁切样式也是取法于绘画，强调平面二维观赏特点。

1

2

1 四川都江堰菊花石"秋菊"，原石形状端圆，十分悦目（宽 24cm，枕石斋藏）

2. 江西永丰菊花石"傲霜"，外形加工成随意形，菊花位置、花瓣长得十分到位（宽 25cm，孙福顺藏）

（二）主题是关键

造型石主要着眼点在于其外形轮廓，原则上应该以优美自然、没有断裂伤口为佳，整体造型以瘦秀不显臃肿为美。造型石类虽然与雕塑有相似之处，但是它不必像雕塑（包括根雕）作品那样需要特别注重细节特征的勾勒，而是强调似与不似之间的天然本质。所谓画龙不点睛，但这丝毫不会减弱其艺术感染力。

造型石的内部结构以孔穴为比较突出的呈象方式。孔穴实际上也是皱褶的一种表现。皱褶较深而石体单薄或是石质疏松的地方，久经风吹日晒或是酸性土壤和流水的侵蚀，容易穿透，形成孔穴。它可分为不通透（又称涡洞）和通透（又称石眼）二种。通透的石眼具有透风漏月的独特表现效果，给人以实中有虚、虚实皆备的感觉，这与中国画中特别讲究透气和留白的原理是一样的，也是古典赏石之中的漏和透的具体表现。石眼也有讲究，最好是稍有曲折，避免给人以一目了然的感觉——在一些古典园林可以时或发现，有的古代置石的孔洞是笔直的，其实这都是无中生有经过人为加工的。石眼的大小与石体也要有一定的比例关系，过大过小乃至过多都不好。

有孔洞的观赏石往往特别受到青睐。比如灵璧纹石少变化，极难出孔洞，当地石农流行一句顺口溜："纹石带洞，价格要命。纹石象形，价格连城。"灵璧纹石有上层纹石与下层纹石之分，早期挖掘的灵璧纹石多为上层石，由于处在地表或接近地表，纹路分布均匀，纹理凹凸感强，石皮光润，变化较大，易形成孔洞。下层纹石多产自深土中，由于受到酸雨作用的侵蚀较多，纹路较乱，造型单一，变化较小。

在评鉴观赏石的造型结构难度的时候，需要特别注意区别不同石种的形成难度。如太湖石、灵璧石之类的碳酸岩类山石，由于容易受到酸性土壤和流水的侵蚀，常会出现透漏孔洞，而硅质岩类水冲石就很难出现孔洞。同样是水冲石，质地的不同，其形成难度也有差别，如同出广西红水河大化岩滩的大化石和摩尔石，前者属透闪石化硅质岩，后者属致密块状的砂岩，前者硬度、密度要远高于后者；从造型变化的角度看，摩尔石明显容易出形，而大化石则出形的难度要大得多，两者不能同日而语。

总体来说，观赏石形状的奇巧程度，往往是与质地的优劣相关。一般来说，

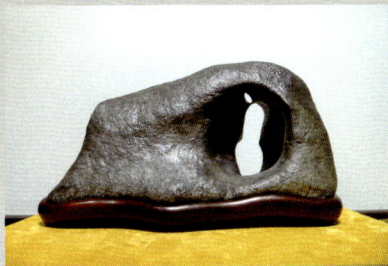

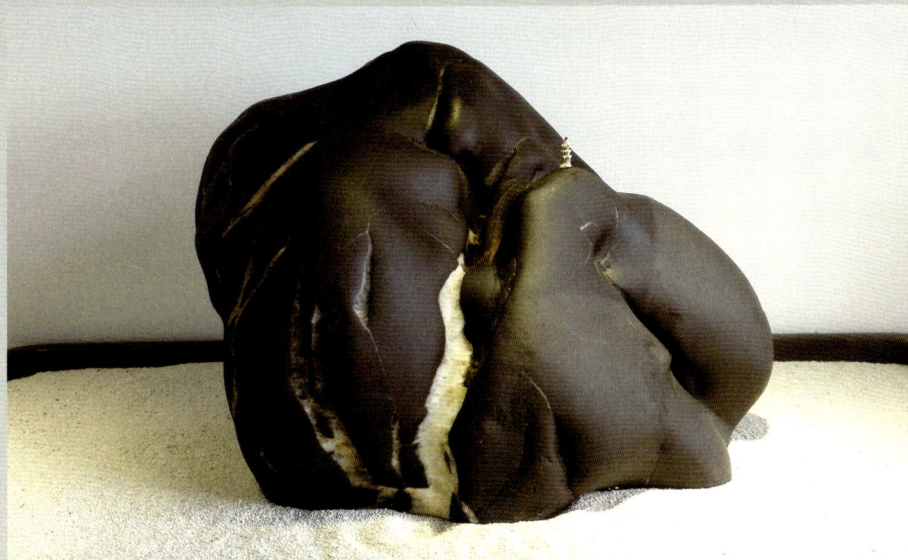

1. 广西墨石"别有洞天"，洞中别有一番景象（宽 30cm，秦石轩藏）

2. 带洞的灵璧纹石，比较少见（宽 24cm，何卉藏）

3. 福建九龙璧"易"，黝黑如漆，纯度极高，洞穴形成难度很大（高 50cm，王小健藏）

4. 贵州盘江石以景观形状取胜，常见瀑布纹（宽 45cm，孙瀑恩藏）

石质硬度在 4 度左右的，软硬适中，最易出形。所谓过犹不及，太硬则不易出形，太软则容易破碎。如贵州盘江石以形取胜，往往多见景观山形，有形有景，成山成瀑，意境深邃，独具特色，是最易出形的石种之一。其石质以石灰石、沉积岩石为主，石质软硬适中，硬度约 4 度左右。如果说，艺术品的价值可以不以材质好坏而定的话，那么，观赏石的材质佳良与否，既是判断其形成难度的一个因素，同时也是判断其价值高下的一个方面。从地质学的角度讲，硅质岩要好于碳酸岩，一般优质水冲石和风砺石多为硅质岩，山石类则多为碳酸岩。

形状是为主题服务的。观赏石之所以具有观赏价值，正是因为其形状的似与不似，亦奇亦美。奇与美，有时候两者可以统一，有时候也会分立。所以说，观赏石名称的外延比起奇石来要更广一些。大凡观赏石精品都有鲜明的主题。人们常说，赏石是一门发现的艺术。当人们在欣赏和观察一方观赏石的时候，往往搜肚刮肠、费尽思量，由现实世界至虚拟世界、上至天文下至地理，一句话，由此及彼产生一种联想，比作成自然万物或是人类。当然，观赏石并不一定都有特定的主题，甚至许多观赏石缺乏表现对象的细节。特别像古典赏石类型的抽象题材，有别于"发现的艺术"，因为它既无现实世界的对应物，也与艺术不相像。它虽然有瘦皱漏透的形似要求，却并非是客观对象的摹拟。这是一种另类审美。

观赏石与其他艺术品(包括雕塑、绘画等)的最大区别，还在于它是自然造化，所谓常在意料之外，不在情理之中，远远超过了人类的想象。如果要将它视作艺术品，便会发现不少观赏石精品与艺术是如此的不相像。特别是观赏石作品的主题表现，我们往往是凭着自己的经历、阅历在"发现"与其相同或是相似的对应物。但是，观赏石的表现力却远远超乎了我们的想象力，宋代诗人欧阳修就有"万象皆从石中出"的佳句。比如广西摩尔石，它的形象更多是介于似与不似之间，如果说有主题的话，也不过是英国现代雕塑大师亨利·摩尔雕塑的翻版。从某种程度上讲，它并非抽象石或者意象石，而是具象石，是像摩尔雕塑的奇石。先有摩尔雕塑，后有摩尔石(这与形成时间先后无关，而是与人的观念的先后有关)。我们在评判它的优劣的时候，更多还是参照和借鉴了摩尔雕塑的主题和样式。试想一下，如果没有摩尔雕塑的诞生在前(摩尔雕塑大部分代表作品创作于 20 世纪六七十年代)，那么今天的摩尔石(发现于 20 世纪 90 年代)还会这样炙手可热吗？也就是说，随着人类的艺术创作和想象的不

1. 安徽灵璧石"岫云"，符合古典赏石瘦皱漏透、云头雨脚的典型特征（高50cm，枕石斋藏）
2. 广西摩尔石"九曲玲珑"，洞中别有天地（宽80cm，黄云波藏）

断丰富进步，类似提升观赏石作品身价的"发现"还会源源不断。只要人类的发明和艺术创造永无止境，那么我们对于观赏石主题的崭新认识也将不会穷尽。这也很好地诠释了赏石是一种"发现的艺术"。

（三）正反须分明

　　如同传统文化的所谓阴阳之道一样，观赏石其实也有阴阳向背的明显特征。古代朴素的唯物主义思想家把矛盾运动中的万事万物概括为阴、阳两个对立的范畴，并以双方变化的原理来说明其运动变化。观赏石作为具有观赏价值的石质艺术品，其正反向背的变化特别明显，冥冥之中也符合万物阴阳之道。也就是说，观赏石有正反面之分，很少有正反面都能观赏的石头，包括造型石和图纹石。尤其是像灵璧石、英石一类的山产石，其正反阴阳面更加明显，显露在地表久经日晒雨淋的往往变化充分，埋于地下的部分大多变化平平，有的留有明显的风化层（如有的灵璧石背部留有石根）。包括太湖石，也有山产、水产之别，水产石往往四面玲珑、几面可观；山产石大多只有一个观赏面，反面有的作了减肥切割处理，包括像上海豫园的玉玲珑等许多古代著名园林立峰，其背部都有减肥修治痕迹，其实多为山产石。这种加工修治的做法，在古代赏石（园林立峰尤甚，也包括案几供石）之中比比皆是，需要特别留意。

1. 灵璧石出土后未经清理过的原石，表面风化层及石根清晰可见（宽 25cm，马宁藏）
2. 贵州桫椤化石山子，底部自然稳底，可以随意摆放（板宽 45cm，孙瀑恩藏）

　　即使像大理石那样的切割图纹石，虽然只有一二厘米厚，其正反图纹大都截然不同，可作观赏的一般也都只有一面，两面入画成景的极为罕见。清代著名学者、封疆大臣阮元有幸得到过一幅正背皆成景的大理石屏，恰如宋代诗人林逋的七律《山园小梅》中的诗意，为此他极为珍视，作有《大理石屏正面立看合疏影横斜水清浅，背面横看合暗香浮动月黄昏》诗：“疏影暗香交水月，若教作画颇难工。谁知和靖诗心在，透入苍山石骨中。清浅倒垂枝掩映，黄昏斜倚气朦胧。妙从不甚分明处，两面纵横觅句同。”令人想见其风采。

　　从某种意义上讲，观赏石之所以要配底座框架，也是为了掩饰其不堪观赏的一面。凡是观赏石底部能够自然平整的（俗称天底），就可以不受底座的约束，置放赏玩容易"百搭"，收藏价值也更大。也有一些四面可观、八面玲珑的石头，那是极为少见的，但观赏面再多，也会有一个主视面，或者说是一个亮点，需要细心体会，大胆取舍。有时候，造型石的最佳视角往往是稍纵即逝，需要一些时间沉淀，所谓"众里寻他千百度，蓦然回首，那人却在灯火阑珊处"。相对来讲，造型石中的景观石类，有时候会出现一些正反面皆可观，乃至可以四面观的石头，一般置于沙盘演示效果往往会更佳。

观赏石之中又有禅石一说。有的人将形同佛祖禅师的石头附会为禅石，其实是望文生义。禅学的本质是空，是以心传心，只可意会不可言传，这与观赏石的本质是相通的，在表现形式上也是相似的。南宋诗人陆游就有"花如解笑还多事，石不能言最可人"（《闲居自述》）的名句。人们在欣赏观赏石时，往往也会产生一种"此中有真意，欲辨已忘言"的无言境界。观赏石的美往往需要心悟灵通，许多观赏石之美是无可转语，无可移译的，话一出口便会觉得一切语言文字都是那么苍白无力、辞不达意。黄山风景绝佳处始信峰的峭壁上，曾经刻有明代文人的"岂有此理"题铭，这大概就是对于奇美事物的最简捷明了的表白了。奇石的不言之教，确实让人们悟出了许多道理。在悟禅的人看来，石头也通灵性。所谓"片石孤峰窥色相，清池皓月照禅心"。日本永平寺的禅师熊泽，曾经总结出"石德五训"，赠给向他问禅求道的人："奇形怪状，无言而能言，石也；沉着而有灵气，永埋土中而成大地之骨干，石也；雨打风吹耐寒，坚固不移者，石也；质坚而能完成大厦高楼之基础者，石也；默默伫立山中、庭园，增加生活趣味，并能抚慰人心者，石也。"

赏石与坐禅虽然性质迥异，但也有相通之处。赏石需要敛心凝神，贯注一境，坐禅（又称禅定）同样需要端坐静虑，摒弃杂念，所以古人有"石尤近于禅"之说（明林有麟《素园石谱》序）。宋代文豪苏东坡曾以五彩斑斓的黄州石赠给好友高僧参寥子，作为体禅悟道的启灵，这大概是最早将赏石与参禅联系起来的一则佳话了。所以说，所谓禅石，决不是特定的禅僧类人物石，而是能够使得赏石者的心境进入平静、安宁、悟道状态的石头，虽然因人而异，但总体上不应该以造型之奇美而取胜，而是一种大璞不雕、浑然无迹、踏雪无痕、莫名其妙的意味，是一种简约而不简单的"无题"赏石。

四、纹理

（一）纹理分凹凸

纹理是图纹石必备的自然要素，在许多造型石上也起着重要的作用。观赏石的纹理大致可以分为两类，一类为隐于石表的平面纹理，以图纹石最为多见；一类为凸于石表的皱褶肌理，多见于造型石。图纹石一般是属于二维空间，造型石属于三维空间，凹凸皱褶一般可以视为三维空间特征。

纹理是图案构成的必要元素，它不同于图案。一般而言，可以把非再现性的图形表现都称作图案，包括几何图形、视觉艺术、装饰艺术等。也就是说，图案是有意味的形式，纹理则是无意味的花纹。

在古代，文通纹。文石，便是指有纹理的石头。早在《山海经》中就频频有山上多文石的记载，包括大理石、玛瑙（雨花石）等历史上都曾经有过文石的别名。

造型石的凹凸纹理，能够有明显特征的并不少见，特别是石灰岩类山石。如博山文石，是一种专称，产于山东淄博博山等地，现称淄博文石，淄博文石的赏玩习俗已经被列为淄博市市级非物质文化遗产。因受到酸性红土长期溶蚀，形成沟壑孔洞等形态，特别是表面变化多端的脉络，形成不同的凹凸皱折效果，典型有荷叶皱、卷云皱、蜂窝皱、斧劈皱、核桃皱、折带皱、披麻皱等，立体纹理十分突出，故称文石。（矿物晶体也有文石之一说，在我国台湾省的澎湖群岛和意大利的西西里岛均有出产，由霰石、方解石、铁氧化物、蛋白石等矿物所组成，属次生矿物，其中以霰石为主要成分，呈葡萄状或球状集合体，硬度3—4度，佳者颜色较深，硬度高，花纹多变化，具有同心圆构造。）

类似具有石表肌理特别丰富特征的山石，还有灵璧石、英石等石灰岩。灵

1

2

1. 清代淄博文石，淄博文石的纹理皱褶在山石中颇具特点（高 28cm，杜海鸥藏）

2. 安徽灵璧纹石纹理变化多端，带洞的更为少见（宽 240cm，青岛金石馆藏）

璧石虽然以造型石居多，但也不乏纹理石，其中具有明显特征的包括白马纹石、蚰蜒纹石、珍珠纹石、条带纹石、木纹石、井田纹石、斑马纹石、竹叶纹石、鲨鱼皮纹石、透花石、海藻石等。特别是佼佼者白马纹石，出产于安徽灵璧县渔沟镇白马山附近的白马村、杨山村和岳巷子村一带，其肌理特征比较明显突出的，包括龟纹、蝴蝶纹、核桃纹、凤凰纹、猫头纹、汉字纹、图案石、竹叶纹、树叶纹、脉波纹、印花纹、水线纹等，十分名贵少见。白马纹石又有上层纹石与下层纹石之分，早期挖掘的纹石由于处在地表或接近地表，称为上层石，纹理分布均匀、凹凸感强、石皮光韵，石形变化较大，易形成孔洞，观赏价值及收藏价值非常高。下层纹石产自深土中，由于受到酸性土壤的侵蚀作用较多，纹路繁乱、造型单一、变化少。

英石也是山石中"皴"的纹理表现最为突出的，有蔗渣、巢状、大皴、小皴、直纹、横纹、大花、小花、雨点等表现形态，精巧多姿。所谓古典赏石的"皴"，其实就是指石表的这种凹凸纹理，它还被国画直接移用为表现山石的皴法："皴者，皱也，言石之皮多皱也。"（清沈宗骞《芥舟学画编·作法》）这也是国画（山水画）中的一种重要创作手法，山水画的皴法不仅是一种高度概括、高度成熟、具有相对稳定样式而又符合形式美的规律的一种绘画语言形式，而且也是画家表达审美意象的途径和载体。皴法就是主要用以表现山石的纹理，主要有披麻皴、雨点皴、卷云皴、解索皴、牛毛皴、荷叶皴、铁线皴、斧劈皴、鬼脸皴、拖泥带水皴、弹涡皴、括铁皴、折带皴、泥里拔钉皴、骷髅皴、破网皴、刺梨皴、马牙皴等。这些皴法在许多山石中都能见到，如宋徽宗《祥龙石》图，描摹的一方太湖石，便是着力表现此方湖石肌理的弹涡皴。所以，传统赏石（造型石）的纹理与绘画的皴理在这里达到了高度的统一，说明纹理与画意有着一脉相承的关系。相对来说，凡是纹理特征比较明显的造型石，其观赏和收藏价值更高一些。

　　纹石除了灵璧石有之，其实水石也有，最突出的就是广西来宾卷纹石。它产于广西红水河来宾县河段，是微层理沉积岩经过构造运动使其褶皱卷曲，又经过变质硅化增强硬度，再经水体等外力地质作用形成，不但其科学价值大于一般的水石，而且观赏和收藏价值更胜一筹。其纹理特征有平纹、凹纹、凸纹、叠纹等，又有粗细之别，纹路风卷云舒，清晰可见，凹凸有致，变化多端，弯环转折，极富沧桑感和韵律美。其纹理特征明显的，包括瀑布纹、罗汉纹、梯田纹、圆环纹、流水纹、乱柴纹等。如果说，当代赏石强调的是形质色纹的话，那么四种要素皆备俱佳的造型石，非来宾卷纹石莫属。

　　水石之中，福建九龙璧也是纹理皴褶特征比较突出的一个石种，它分布在福建漳州市华安县九龙江流域。系距今 2.48 亿年古生代二叠纪的海相沉积岩，经距今 1.63 亿年中生代侏罗纪陆相火山喷发变质而成条带状钙硅角质岩。九龙璧虽然硬度达 7.2—7.8 度，但其褶皱变化非常丰富，也非常有特点，常见有绉带、流水、裙折、披麻、水道、卷云、梅花、雪花、蜂窝、卧沙、巢状、蔗渣、螺旋等几何图形，有的明快遒劲，有的柔细委婉，有的沟壑交错，有的雄浑古雅，有的点睛成笔，沧桑入画，细微成景，兼之色调的古朴庄重，很能体现"石令人古"的岁月沧桑感。

　　虽然绝大部分石种之中，均存在以纹理皴褶乃至图案为特征的观赏石，但其纹理皴褶乃至图案非常有特点以至于形成一个（亚）石种的，还是并不多见。有的皴褶因富于特色而被单独归类命名，比如一些如同层理般堆叠在一起的奇石被称为千层石（又称万卷书石），有些呈龟甲状裂纹的奇石被称为龟甲石（又称龟纹石），有的白色方解石、石英条纹流畅贯通的构成瀑布石，等等。

　　各地还有一些以观赏石的纹理特征来命名的石种，有的是造型石，更多的是图纹石，望文生义，可以想见其风采。比较知名的如北京的京西菊花石，河

1. 清代英石"皱云山"，英石最具古典赏石瘦皱漏透特征中皱的特点（高30cm，翦淞阁藏）

2. 贵州龟纹石纹理凹凸有致，十分奇特（宽13cm，枕石斋藏）

3. 广西来宾卷纹石以纹取胜，纹理之美他石难见（宽40cm，得云轩藏）

打磨过的河南汝阳荷花石"绽放",色彩鲜丽,主题鲜明(高20cm,陈志高藏)

1. 柳州柳江棋盘石以其特具的棋盘纹著称，产量极少（高 45cm，韦剑藏）

2. 新疆泥石组合"文玩"，泥石的肌理极富沧桑感和韵律美（枕石斋藏）

北的模树石、兴隆菊花石、雪浪石，山西的历山梅花石，江西的庐山菊花石、永丰菊花石，山东的淄博文石、天景石，河南的牡丹石、梅花石、荷花石、嵩山画石，湖北的清江云锦石、恩施菊花石，湖南的浏阳菊花石、桃花石、龟纹石、梅花石，广东的花都菊花石、乐昌青花石，广西的棋盘石、草花石、彩霞石、来宾卷纹石、木纹石，四川的绿泥石、海鸥石、涪陵松林石，贵州的红梅石，陕西的汉江金钱石、汉中竹叶石，青海的星辰石、七彩石、桃花石，新疆的泥石，台湾的龟甲石、绿泥石、玫瑰石、铁钉石，等等，不一而足。

（二）图像特征多

以观赏石的纹理皱褶特征来命名的各地石种之中，出现频率最高的，莫过于菊花石。菊花石以江西永丰、庐山，湖北恩施，广东花都，北京西山，湖南浏阳，陕西宁强，四川都江堰等地所产较为典型。有的是水冲原石，有的是山产岩石，需要剖岩打磨才可欣赏。菊花石不是一个单独石种，其分布非常广泛，包括内蒙古戈壁石、广西大湾石、南京雨花石等主打石种之中，也时或出现菊花图案的芳踪。菊花石在日本等各国均有产出，而我国是最早开发其观赏、收藏价值的。菊花并非化石，岩石学上属沉积成因的碳酸盐岩。其中的"花蕊"是晶粒状矿物的集合体，"花瓣"是一个个菱面体晶体形态紧挨或断续连接所产生，矿物成分依据品种不同而有所区别，其长短不等柱状矿物集合体，以花蕊为中心向三度空间做放射状排列，形态万千，蔚为奇观。其中以湖南浏阳所产开发最早、影响最广，清代中期以来曾广泛用于琢砚、雕件，其矿物成分主要是方解石和玉髓，有的含菱锶矿及天青石。

类似菊花石纹理图案的"假化石"，还有模树石，古代又称松林石，因其纹理酷似松柏枝叶、苔藓水草之类而广受人们喜爱，有人误以为是植物化石，至少在宋代文人士大夫圈中就有赏玩的诗文记载。模树石也不是一个单独石种，各地皆有，尤以产于河北保定市易县的最为典型，当地称之为"龙骨画"，一般要顺着岩石一定的纹理剖开，分成两片的岩石上都会出现几乎相同的画面，状似树枝叶草，千姿百态。

模树石大多由4亿年前的板岩变质而成。在远古时代的地质活动中，铁、锰的氧化物在地下水及温度和压力作用下，沿岩石的节理、裂隙及层理等空隙

1. 产于河北易县的模树石，图案十分鲜明（宽 50cm，王华强藏）

2. 广西大湾石中，菊花纹理十分少见（宽 14cm，枕石斋藏）

3. 广西草花石以水草纹为特色，极富画意（宽 18cm，枕石斋藏）

浙江青田石中的水草花颇有特色（宽40cm，浙江青田石博物馆藏）

处渗透，历经长期沉淀结晶形成板岩上的画面，多呈现松树形、柏枝形或树与草密集成群的图案，由于其形状很像树枝状植物化石，故有"假化石"之称。受沉淀物多寡和不同矿物质元素的影响，其图案呈墨、红、黄、青、灰等多种色彩，犹如天然彩墨石画。从科学成因来看，它也是一种地质现象，在沉积岩、变质岩乃至火成岩中都可能赋存，如玛瑙中就有柏枝玛瑙的品种，在云南黄龙玉、广西大湾石、大化石、草花石、马达加斯加海洋玉髓等主打石种之中，亦有这类纹理图案赋存。青田石、巴林石等印石也有这种品种，也称水草花（纹），如果配以玉化质地和明丽色彩，再构成画面形成画意，往往身价不菲。

图纹石完全以纹理图案取胜。以黄河石和长江石为例，它们是北南两条母亲河图纹石的代表，黄河石有青海黄河石、甘肃（兰州）黄河石、宁夏黄河石、内蒙古黄河石、陕西黄河石、山西黄河石、洛阳黄河石等之别，各有特色，各有千秋；长江石则有四川长江石、云南长江石、重庆长江石、湖北长江石等之分。虽然它们各自纹理多变多姿，但均有自己代表性的纹理图案"符号"。黄河石以日月纹为代表，日月纹理图案在黄河流域所产出的地域最为广泛，从山西垣曲到河南洛阳，无论山石还是水石均有分布，日月石堪称最能代表黄河石地域特点和色彩风格的经典石种，以至于有单独命名为黄河日月石者。长江石则以云水纹为代表，包括水的波纹和云的诡谲，或似云水流动，或为云团飘逸，在四川长江石中最为多见。如果说，黄河、长江流域代表了北方、南方的两种不同区域文化的话，那么，黄河石、长江石也多少反映出北、南两种不同地域的文化风格，即北雄南秀。黄河石雄秀相兼，更多表现出一种雄的风格，雄浑磅礴，体现了一种阳刚之美，日月纹即是代表；长江石更多地表现出一种秀的风格，秀雅沉静，体现了一种阴柔之美，云水纹即为代表。前者更像油画，复色多，暖色调为主，厚重浓烈；后者更像国画，单色多，冷色调为主，清淡素雅。两者阳刚阴柔，寓意深刻，各逞其美，堪称图纹石中的代表性石种。

1

1. 日月纹是（洛阳）黄河石颇具特点的主打纹样（高30cm，文风藏）

2. 云水纹是（四川）长江石最具特色的主打纹样（高16cm，余红平藏）

2

（三）化石数另类

以纹理取胜的图纹石之中，南京雨花石可谓佼佼者，虽然十分小巧玲珑，而且需要清水以供，但其纹理变化之多，色彩配合之妙，也是其他石种之中极为少见的，计有甲胄纹、野菊纹、城廓纹、冰梅纹、星斗纹、腊梅纹、火焰纹、折带纹、杭菊纹、方格纹、平行水纹、塔纹、气泡纹、连环纹、烟雨纹、单复眼纹、龟裂纹、缠丝纹、版块纹、钟乳纹、游丝纹、柏枝玛瑙纹、红梅纹、龙鳞纹、藻纹、线段纹、水波纹、芦花纹、蜂窝纹、松香纹、木排纹、发丝纹、同心圆纹、绢丝折射纹，等等，基本上涵盖了图纹石中的主要纹理的各种表现形式。另外还有各种化石成分，其比例十分稀少，弥足珍贵，其中动物化石有长身贝、小纺锤蜓、始史塔夫蜓、鹦鹉螺、早板珊瑚、海百合茎、菊石等，植物化石有辉木、杉木、竹木等。化石雨花石不仅具有观赏价值，而且具有很高的科学价值，对于雨花石原石形成年代的判别和原石来源的判析具有一定的佐证意义，值得特别关注。

就像化石雨花石一样，在其他观赏石（特别是图纹石）之中，化石作为一种特殊现象不得不提。化石是存留在岩石中的古生物遗体、遗物或遗迹，保存在岩石中的古动物或古植物的遗体或表明有遗体存在的证据都谓之化石。从太古宙（34亿年前）至全新世（1万年前）之间都有化石出现，它是反映各个地质时代生物形态及其生存状况的信物，是我们了解生命的历史和地球生态环境变迁的物证，是研究古地质、古气候的科学依据。虽然化石与矿物晶体多不属岩石类观赏石，但在造型石和图纹石中，也存在少数化石，其围岩多为碳酸岩乃至硅质岩，在许多观赏石品种中时有所见。相比较原生态的化石，这类化石因其围岩的特殊性和数量的稀缺性而更添意韵，往往具有出奇的观赏效果和人文科学内涵。

如辉木化石是一种树蕨类植物，生长在距今约二亿年前地质时代的二叠纪，是成煤植物。辉木的木质纤维，经硅化后为坚硬的硅化木或木化石。辉木的茎干由中央的维管系统与周围的气生根带组成，茎的维管组织由复杂的多体维管束组成，维管束呈弯曲的带状或弧形排列成环行，且被包围在薄壁组织中，外形似"八卦图"，俗称"八卦木"，在一些水冲木化石中（包括雨花石）时或可见。贵州安顺的水冲硅化木中，也有这类珍稀蕨类木本植物化石——桫椤化石（桫

1. 雨花石中的珊瑚化石，构成了老街的画面（宽6cm，枕石斋藏）

2. 浙江新昌水冲硅化木"彩云追月"，水洗度极佳，木纹乱中有序（宽28cm，徐跃龙藏）

3. 广西大湾石中偶见珊瑚化石，这方高尔夫球便是（直径3.5cm，枕石斋藏）

贵州桫椤化石常见八卦图状纹理（横截面）（黔明藏）

江西潦河石"竹"，纹理既像竹枝，又像文字"竹"，简约而不简单，别有意趣（高30cm，欧阳六一藏）

椤玉），其横截面有的呈现出完美的"八卦图"，十分神秘而又美观。古代八卦图像符号是否来源于此，也是值得深入探讨的一个谜题。

由化石观赏石中的"八卦图"，还可以联想到关于文字的起源问题，一些论者根据许多观赏石中有文字、符号图纹的特征，推测古人很可能是因受到这些"文字石"的影响而产生联想发明文字的（包括所谓的"河图洛书"）。至少这也是文字创始的一个来源。一些图纹石之中，偶或可以见到汉字，还有阿拉伯数字、外文，有的极富书法笔意，甚至可与著名书法家的笔意相媲美，更是难能可贵。这些文字、符号，有的也是因化石所形成的。清初文学家孔尚任曾经见过一些类似文字的雨花石，所以他在《六合石子》一诗中有"万卷纸层层，精微界丝镂。莫辨洛与河，羲画秘肺腑。摩挲五色光，遐想文字祖。珍重养清泉，有时天可补"的佳句。

石之玩

●景观石是以山形石为代表的自然景象，也包括类似建筑等人文景观。山形石是造型石中的大项。赏石圈有玩石始于山水，终于山水之说。

山形景观石作为观赏石的一个重要表现题材和永恒主题，其不少赏玩理念多是从山水画论中引申出来的，或者说是可以移用山水画论中的精华部分。

●象形石按照其生命特征，大体可以分为有生命体征的和无生命体征的两大类。有生命体征的价值要高于无生命体征的。有生命体征的象形石需要有一种神韵，即一种生命的律动和生机。象形石应该以人物为上。

●绝不能简单地把非具象石统统归类于抽象（意象）石。

如果说，抽象艺术严格来说并没有可以界定的标准的话，那么古典赏石无疑就是一种突破，一种范式。

当代赏石其抽象形态更多地体现在线、块、面上，其表现形式要多样性得多，其中不少造型是从现当代抽象艺术中寻找到灵感。

●构图是图纹石的生命。特别是对于一些以画面感来衡量欣赏的图纹石构图，我们更多的是参照绘画的表现手法和技法去考量其画面美感的。

关于画面（国画）的构图法则，其实传统画论（尤其是山水画）已经有了非常充分的表述了，大部分都可以借鉴和移用。

一、景观

（一）山形是首选

初玩奇石，切入点很重要。特别是造型石，除了选择石种之外，最重要的还是选择好题材和主题。如果能够以点带面，由浅入深，那么，景观类主题无疑是一个最佳切入点。

所谓景观，其实就是以山形为代表的自然景象，也包括类似附属于山水景观的建筑（如长城）等人文景观。其中山形石是造型石中的大项，也是赏石界拥趸最多的。赏石圈有玩石始于山水，终于山水之说。意即最初玩石往往是从山水景观石开始的，其中可能会经历一些变故，兜了一大圈子，也不排斥会误入歧途，但是最后还是会回归到山水景观石。当然，其语境已经发生了深刻变化，类似否定之否定规律。

其实，在佛教禅宗也有类似的说法：见山是山，见山不是山，见山还是山。（源于唐代高僧青原惟信禅师《五灯会元》）意即由浅入深、螺旋上升、周而复始。

玩石始于山水，有几层意思。一则是玩石的本意就是亲近自然，与自然对话。而山形石是观赏石中最接近大自然的，也可以说是自然的缩影。赏石最初给人的感觉完全是一种自然式体验，它是自然山川的浓缩，是人们亲近自然、卧游山水的表征。最初人们欣赏的厅堂案几奇石应该就是山水景观石。所以这也是赏石者山水情结之由来。如果追溯到厅堂案几类室内赏石的玩赏，最初就是从山形景观石开始的。其实证就是宋代米芾书法名迹《研山铭》中描摹的一方"宝晋斋研山"（据考图为后人所摹），按照记载这原来是南唐后主李煜（937—978）的遗物，也是其创制的一种文玩。

李后主虽然是个亡国之君，但文采出众，潜心文房器玩制作收藏，所谓"文

61

1. 柳州奇石馆的镇馆之宝来宾石"中华魂",形同长城,气势不凡(宽160cm)

2. 英石"剩山图",皱褶深密,造型多变,比例和谐,处处入画(宽48cm,陆维三藏)

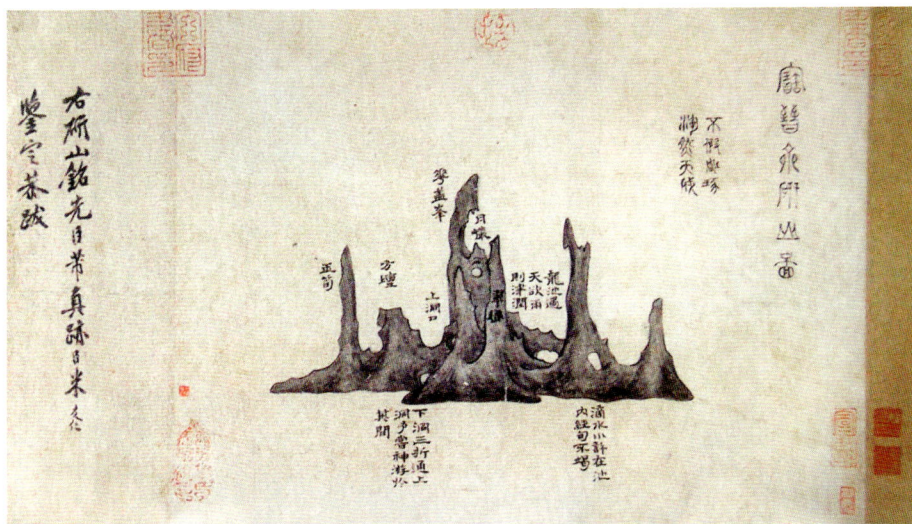

米芾书法名迹《研山铭》所附的《宝晋斋研山图》

房四宝"之称就是由此开始，他还常在收藏的书法名画上钤有"建邺文房之印"藏印，这也是文房一词最早见诸印记。研山（通砚山）是取自然平底、峰峦起伏而又有天然砚池的天然奇石，作为砚台的别支，一般大不盈尺，而灵璧石、英石一类质地大都下墨而并不发墨，所以砚山纯粹是作为一种案头清供。"宝晋斋研山"也是最早被命名的文房赏石。此灵璧石长约尺余，前耸三十六峰皆大如手指，有华盖峰、玉笋、方坛、月岩、翠峦等名；中凿为研池，滴水少许可经旬不竭；另有龙湫，遇天欲雨则津润；还有上洞和下洞，两者相通。画上留有许多题记，也说明米芾对之喜爱有加。如篆书"不假雕琢，浑然天成"，研山之左右上下分别有楷书"龙池遇天欲雨则津润"、"下洞三折通上洞，予尝神游于其间"、"滴水小许在池内经旬不竭"等字。

砚山可以说是最早的山形景观石，在赏石文化史上具有重要的地位。如果说，唐代的文人士大夫还主要侧重对庭园的园林峰石的搜求，而宋代开始注重于对斋室的文房供石的藏玩的话，那么唐宋之间的南唐所出现的砚山，恰好是这两类奇石收藏的过渡，一方面它将奇石的身影从庭园移到了案几，另一方面又将供石搜藏的方向纳入了文玩的行列。砚山之形制和名称由此延续下来，历代有关文房器玩的著述，如南宋赵希鹄的《洞天清录》、南宋龙大渊（传）的《古玉图谱》、明代文震亨的《长物志》、明代屠隆的《考槃余事·文房器具笺》等，包括清代宫廷收藏的文玩杂件，都有砚山一项，文震亨甚至将砚山纳入了可随

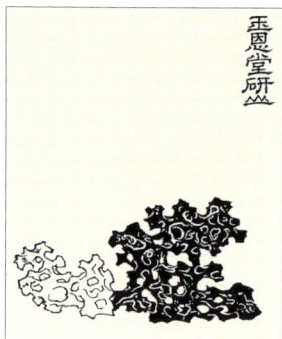

1. 明代林有麟《素园石谱》中的研山图绘，为作者之父林景旸所藏
2. 清代绿釉山形笔架，仿造砚山造型所制（宽9cm，枕石斋藏）
3. 灵璧石"笔格"，形态灵秀奇崛，兼备实用价值（宽13cm，杨恒星藏）

身携带的"文具（箱）"中必备的器玩。

砚山对后人赏玩山形景观石至少有几个重要影响。一是造法自然，小中见大；二是取法稳底，适合摆玩；三是奠定了笔架的主流样式。

所谓造法自然，就像山水画的创作一样，就是以自然为师。米芾在"宝晋斋研山图"上留有许多题字，如"翠峦"、"华盖峰"、"月岩"、"方坛"等，显然把它视为一种自然山川景观的缩影。所谓取法稳底，就是景观山形石以平底、稳底为佳。当然，这也同当时木制底座尚未出现有关（明代以前流行以盆为座）。所谓适合摆玩，就是将奇石从原来以庭园置石为主，移到了案几之上，并成为文房器玩的一种，也是文房供石之始。所谓奠定了笔架的主流样式，就是宋代之前笔架（又称笔格）古制多是竖立的栏杆架子状，砚山出现后，文人自然而然将它作为搁笔的笔架（一物两用），这也奠定了以后笔架（笔山）制作的主流样式。其中主要也有两种形式，一种是较为几何规则形状的，一种是刻意模仿天然砚山随形造型的，后者也成为山形景观石的主流样式。

安徽宣石"寒山雪消"，肌理皴法独特，色彩对比鲜明，具有画意和画理（宽 23cm，枕石斋藏）

（二）景观类别多

　　玩石万千，景观为上，还因为景观石在世界范围来说也是石玩之中的大项和主流。南宋以后，赏石之风流传到了日本，他们从中吸收了山形景观石的玩法并弘扬光大，创立了"水石"一词和玩法，近代以来，西方各国由此吸收切入，形成了以山形景观为主的主流玩石之风尚。所谓水石，就是指表现自然山水景观之美的石头（其实，日本也有观赏石之说，其外延很广泛，包括象形、抽象等，但水石是仅仅把一块石头看作自然的缩影）。水石是"山水景石"的缩略语，是指那些大小适合置放于案儿的石头，它主要应该能够表现自然山川的景观之美，而且能够被水养（以盆石而供为主要形式）。

　　此外，日本水石将山水景观作了具体而细致的分类，丰富了山水景观石的表现形式，区分了景观石之间的不同差异。大致分为九类：山形石、岛形石、岩形石、土坡石、平台石（"段石"）、湖沼石、瀑布石、茅舍石和舟形石，并形成了一套规范化的观石理论和做法，影响深远——当然，其中有的分类是由于其特定的岛国的地理环境，并不一定适合其他地区，如茅舍石、舟形石、

65

1. 意大利阿古利安石，有点类似灵璧石质地，常见景观山形（宽35cm，齐阿拉·帕德妮藏）

2. 日本水石中的瀑布石（宽35cm，周易杉藏）

3. 内蒙古戈壁玛瑙"海市蜃楼"，肌理颇似国画中的皴法（宽24cm，枕石斋藏）

4. 广西幽兰石是一种景观为主的石种，产出不大，原石难得（宽50cm，周川人藏）

崂山绿石"崂山秀峰"，肌理丰富奇特，翠釉鲜丽夺目（宽50cm，徐小平藏）

我们是视为象形石的。

水石形状评判的"三面法则"，是指石体的前后、左右应协调，底面大小、厚度及形态应和谐、适度。就是说，前和后、左和右应分别呼应和谐，底部应尽量平稳。目前国际上流行的赏石英文单词就是由水石而来（Suiseki一词源自日文，已经使用了大约150年，Suiseki一词由两部分构成，即Sui＝水，Seki＝石）。

景观石之所以为玩石首选，也因为几乎所有的造型石中的主打石种，其精品佳构都是以景观石居多的。玩赏景观石，可以一览诸多优秀石种之风采。山产石如灵璧石、英石、广西幽兰石，水冲石如大化石、九龙璧，风砺石如内蒙古戈壁石、新疆风凌石等，都是以景观石为优选的。

需要指出的是，所谓的山形景观石其实也是一种具象，是自然界某种真实景观的再现或是某些真实景观的综合概括。在发现有关景观石主题时，我们常常会把一些特定的山川景观予以命名，所以有一定的形似要求。另一方面，景观石的造型也要与形式美学诸多原理相契合，包括均衡、节奏、韵律、黄金分割等，是对于自然山川景观形式美的一种提炼和升华。传统类的景观石——即具有瘦皱透漏造型结构特征的，有时候往往会与古典赏石中的云头雨脚类山了造型相混淆，如果要做一个区别，可以把握住两点：第一，景观石偏重形式美，古典赏石趋向反形式美；第二，景观石引人入胜，给人以可以居、可以游的感受，古典赏石则大多无此佳趣。

此外，景观石在奇石收藏中已经有了一些简单易行的评判标准，容易入门。如同山水画是中国画的一个重要表现题材和永恒主题一样，山形景观石作为观

内蒙古戈壁硅化木山子，皴理深密，造型奇崛，颇具画意（盆宽 35cm，枕石斋藏）

赏石的一个重要表现题材和永恒主题，其不少赏玩理念多是从山水画论中引申出来的，或者说是可以移用山水画论中的精华部分。这其中，北宋郭熙《林泉高致·山水训》可谓山形景观石审美借鉴的圭臬。山水画的空间构成，最有概括意义的就是郭熙提出的"三远说"，即："山有三远，自山下而仰山巅，谓之高远；自山前而窥山后，谓之深远；自近山而望远山，谓之平远。"中国画都运用散点透视法，所谓三远，是指画家或者是欣赏者视角有所不同，高远是一种仰视，深远是一种俯视，平远是一种平视。作为山形景观石的审美，也可以按其视角特点予以分类（如峭壁山即是高远仰视的一种，日本水石还把近景的尖峰称为"剑山"）。无论哪种山形景观，都应该以符合高远、深远、平远的审美视角为标准，兼而有之的更佳。此外，作为景观石的放置（高度），也要考虑到是平视、仰视还是俯视，哪一种效果最佳。比如说水盆、沙盘的置石，一般以具有俯视效果的景观石表现最佳。郭熙还提到："真山水之川谷，远望之以取其势，近看之以取其质。"所谓远取其势，近取其质，既是评价山水画的一个标准，也很适合评价景观山形石，即远观其气势走势，近观其肌理皴理。只有石之造型的气势、走势与石之表质的肌理、皴理相协调配合的，才是好的山形景观石。这其中，九龙璧（切底山）可谓是个典型。

68

（三）皴理重画意

　　其实，判断山形景观石意境的最高境界，就像北宋画家郭熙提及山水画要给人以可以游、可以居的感受："山水有可行者，有可望者，有可游者，有可居者。画凡至此，皆入妙品。但可行可望不如可居可游之为得。"也就是说，山水画要给人以可以行、可以望、可以游、可以居的亲临其所的感受，这也是山水画之所以被称作可以卧游的缘由。其中，可以居、可以游是最高境界。这同样适用于对山形景观石的评价，好的山形景观石不但要符合形式美的诸多原理，同样应该引人入胜，给人以可以亲近、可以进入的感受，这其中包括对于质地、肌理（皴理）、走势、局部细节等要符合或者贴近自然真山水，也就是自然山川的缩影，凝固在一方小小的奇石之中。米芾在"宝晋斋研山图"上有此描述，"下洞三折通上洞，予尝神游于其间"，就是表明他显然把它视为一种自然山川的缩影，是可以游、可以居的山景。这与白居易《太湖石记》中提及的太湖石峰"撮

苏州环秀山庄假山小中见大，气势不凡，可游可居，已故园林大师陈从周称："造园者不见此山，正如学诗者未见李、杜，诚占我国园林史重要之一页。"

要而言，则三山五岳，百洞千壑，覼缕簇缩，尽在其中；百仞一拳，千里一瞬，坐而得之"的意念如出一辙，说明文房砚山也好，园林假山石峰也好，这两种赏石的主要形式，其赏玩的要诀或初衷都是源自文人对于自然山川卧游之需要，是一种缩景艺术。

所以说，景观石的玩赏，具有丰厚的人文艺术积淀，也是赏石艺术之所以能够以传统美术类别跻身国家级"非遗"项目的原因所在。对于玩赏者来说，如果具备一些山水画的基础知识和技巧的话，那么起点会更高，感悟会更深。石理有画理，画理如石理。历代山水画论，包括有关画石要诀都可以作为景观石审美的重要依据和借鉴。相比较观赏石其他类型题材和主题，景观石有着更为丰富和成熟的足资借鉴的评价标准。

总而言之，作为景观石的审美，可以小中见大、大中见小来评判高下，远取其势是为大，近取其质是为小，这所谓的大与小形成了一种辩证的关系。

所谓小中见大，就像明代文震亨在《长物志》中所言："一峰则太华千寻，一勺则江湖万里。"不管园林石还是案几石，都要给人以想象的空间。有的石头（照片）尽管体量较小，但经得起放大效果。景观石应该是大自然的某一个或是某一类乃至某一些真实景观的再现或是综合概括，是一种再现自然，也可以是一种再造自然，就像是艺术家创作的作品。但无论如何，大自然的景观尺寸再小，也要远远大于景观石的尺寸，没有一比一的景观和景观石。景观石尺寸再大，也大不过真实大自然的景观。比如，目前古典园林中最大的景观石，是北京颐和园的青芝岫，长八米，宽二米，高四米，重约二十几吨，就像立在乐寿堂庭院的一面屏风。而且，从收藏的意义上讲，景观石尺寸越大，需要展示的空间也就越大，也就越不容易搬动迁移，相对来说，收藏玩赏的意义就越小。自然景观与景观石的比例差距越大，才越显得不可思议，也难能可贵。

所谓大中见小，就是要有细节，也就是局部经得起推敲。就像园林假山堆叠制作一样，不但能够远观，而且能够身临其境，比如洞穴、平台、湖沼、山峰、蹬道、山涧、瀑布、岩石、峭壁、山谷等自然景观或多或少都能有所再现，包括建筑（如房舍、桥梁等）人文景观如也能有所反映则更佳。尤其是皴理，也就是石头表面的肌理皴褶，如果能够表现得越是充分丰富，就越能凸现景观石所反映自然景观的真切真实。就像皴法的出现标志着山水画真正走向成熟一样——现代国画家贺天健称"强调一些说，皴法可以当作山水画艺术中的一种

1. 新疆风凌石"雪浪",造型颇为特别,动感强烈(盆宽35cm,枕石斋藏)
2. 北京颐和园的北太湖石"青芝岫",是古典园林中最大的景观石

1. 内蒙古戈壁玛瑙"雪居"，洞深幽曲，可居可游（高15cm，枕石斋藏）

2. 崂山绿石表面翠绿色的纤维状结晶体，排列有序，具体而微，气象万千

生命看"，景观（山形）石的生命，某种程度上说就是皴理皱襞。在景观石比较有特点的石种之中，往往都是皴理皱襞比较特别或是丰富的，包括崂山绿石、福建九龙璧、英石、淄博文石、贵州盘江石等。如崂山绿石，产于青岛崂山东麓仰口湾畔，因佳者多产于海滨潮间带，故又称为海底玉。其主要矿物成分为镁铁硅盐，其中以翠面为主要特征的"板子石"，展示的便是平展凹凸的翠面所表现出的皴理效果：翠绿色的纤维状结晶体排列有序、鳞次栉比，具体而微，气象万千、晶莹光润，丝绢般的光泽具有折光效果，变化不定，有些贯入或系挂其上的石英、石棉等白色矿物，如同流水瀑布、雪原白云等自然景观，在景观石中独一无二。有意思的是，不同于其他石种的地方在于，这些石种的山形石均偶见有切底现象，这虽然是一种无奈的加工，也反映出这些石种的皴理皱襞（包括造型）确实非常有特色，以至于赏玩者惜石如金。

不管是小中见大还是大中见小，景观石归根到底就是要给人带来大自然真山水的体验。

二、象形

（一）形神须俱佳

象形石，又称具象石，是玩石者最雅俗共赏的题材，也是最容易判别高下的主题。但是，往往最容易的也是最难把握的，所谓看似容易最奇崛。

一则是，万千奇石，能够象形状物的比例很小，藏家能够真正拥有像台北故宫收藏的"东坡肉形石"一样众口皆碑的（抛开其文物价值）更是少之又少。

二则是，很多人认为是非常象形的石头，却经常得不到行家的认可，有走入误区之嫌。象形石，其实玩的是一种稀缺性，一种形成难度。

如果说，景观石是似曾相识的话，那么象形石就是匪夷所思，所谓"万象皆从石中出"（宋欧阳修），奇石之所以不可思议之处，就在于它似乎是先知先觉的灵物，在世界万物——包括万物之灵人类还没有诞生之前，它已经有了万物之象，包括人物、动物、花木、器物、食物乃至文字等，有的不但形似，而且神似，让人感叹造化之伟力和神秘。其实，不少奇石所表现出来的呈象——包括造型、色彩、纹理等，也为后世许多艺术家所临摹，所受启发，所运用。

象形石按照其生命特征，大体可以分为有生命体征的和无生命体征的两大类。其主要表现题材前者包括人物、动物、花木等，后者包括器物、食物等。一般来说，前者玩的是一种艺术审美，也就是往往是从现实生活特别是艺术作品的表现角度来审视其造型、色彩、纹理、意韵，等等，不但强调形似，而且强调神似；后者玩的是一种趣味审美，也就是追求形似和逼真程度，有的强调比例一比一，以假乱真。这在传统国画中也有类似表现。比如国画有工笔（写实）和写意（又分大、小写意）之别。现代国画大师齐白石有一句名言："作画妙在似与不似之间，太似为媚俗，不似为欺世。"这是针对写意画范畴的。其实，

1
2
3
4
5
6

1. 台北故宫博物院清宫遗珍"肉形石"（宽 6.6cm）

2. 内蒙古戈壁玛瑙珍品"国宝"，俏色恰到好处，造型生动传神（宽 8.5cm，杜学智藏）

3. 雨花玛瑙少见供石，少见水洗度佳者，少见象形石，这方"鼻烟壶"庶几近之（高 9cm，枕石斋藏）

4. 形似四瓜的四藏藏玉，玉化程度颇高（宽 35cm，秦石轩藏）

5. 广西摩尔石"倩影"，虽然五官眉目不具，但却神韵不减（高 20cm，秦石轩藏）

6. 福建九龙璧"关公"，头部俏色，衣袖飘逸，比例和谐，颇具神韵（高 33cm，枕石斋藏）

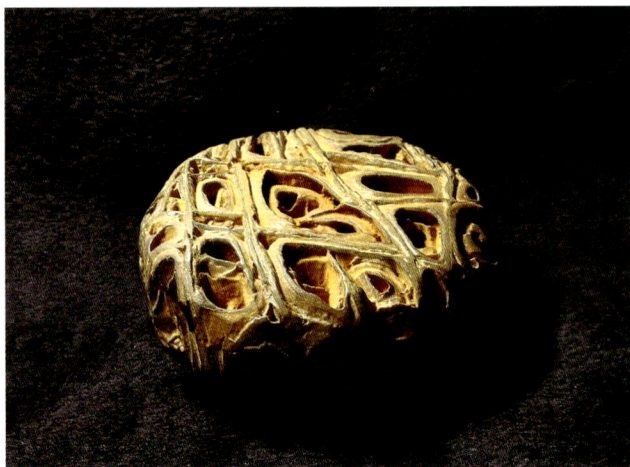

1. 缅甸树化玉少见象形石，这方小品石头部出挑，羽翅丰满，傲睨万物，分明是一只大红鹰（高18cm，秦石轩藏）

2. 广西结构石"鸟巢"，造型、结构神似北京奥运会主场馆（宽15cm，枕石斋藏）

齐白石的工笔草虫也是一绝，但工笔草虫就并不适合"似与不似之间"的理论。

反观奇石，可以说绝大多数的象形石只能适用于"似与不似之间"的理论，是一种写意，因为观赏石很难像工笔画和照相现实主义的手法去细致入微地完全复制和表现事物和实物对象的全貌和细节，所谓"画龙不点睛"，比如很多人物石，大多五官眉目不具，仅有外表轮廓而已。但人们似乎不觉得这是天大的遗憾——当然，如果人物的五官细节俱备，而且具有动感神韵的话，那肯定就是绝品了——并不妨碍我们对于其审美的观照。正像写意画与工笔画同样具有艺术感染力一样，这里面涉及一个形与神的关系，这一直也是传统造型和绘画艺术审美所关注的焦点。

苏东坡曾云："作画求形似，见与儿童邻。"毕竟艺术并非摄像（影），如果一味追求处处真实、笔笔准确，那未免有点"小儿科"了。现代抽象艺术之所以诞生和发展，从某种程度上讲，正是由于照相技术的发明，使得具象艺术走到了巅峰和末路。如果我们将赏石视为一种艺术形式，那么它的审美也应该服膺于形神兼备的艺术主张。而且相对于人为艺术而言，天为艺术的赏石缺憾更多，如果一味追求具象形似，恐怕可玩的石头少之又少了。而在注重形似的同时，更强调神似，可能离找到好石头不远了，同样离艺术的精神也更近了。这也是不少人淘石的时候经常能捡漏的原因。因为一味形似的东西连小孩都看得懂，只有那些具有艺术提炼概括效果的东西，才是锻炼玩石者"法眼"的地方。这就需要玩石者具有丰富的经历、阅历、游历、视野开阔，触类旁通，特别是要具备艺术家一样的敏锐眼光，熟悉艺术发展史和艺术名作——包括与时俱进的态度。

因为随着社会的进步以及物质文明和发明的日新月异，奇石可供比照的主题形象会层出不穷地出现。比如 2007 年 9 月 28 日在北京举办的"中国观赏石博览会——2007 走进奥运北京邀请展"上，与奥运和体育项目主题有关的奇石精品就受到了格外的关注，而这在奥运会诞生之前乃至古代是无法想象的。

（二）人物为上选

与传统绘画、雕塑艺术相类似，象形石在表现事物和实物对象的时候，也应该以大众喜闻乐见的题材为切入点，比如人物中的儒道佛，动物中的十二生肖，花木中的梅兰竹菊"四君子"、松竹梅"岁寒三友"，器物中的文房四宝、茶具器皿，食物中的菜肴水果，等等。一方面，大众对于其的认知程度较高，不像有些比较小众的题材往往得不到共鸣。另一方面，正是因为这些日常给人的物质生活和精神生活带来亲切感的事物和实物，经过艺术家的创作成为了一种经典题材，有的被赋予了象征意蕴和吉祥意味，得到了升华，历久弥新。

一般来说，在象形石中，有生命体征的价值要高于无生命体征的，其观赏除了强调形象生动、一目了然、比例协调、观赏面大等之外，有生命体征的象形石还需要有一种神韵，即一种生命的律动和生机。相比之下，人物石多表现为静中有动，动物石多表现为动中有静，动感十足当然更好，凡是动静相宜的都是好石头。有时候石头形态的象形细节逼真与否往往可以忽略不计，神韵有无乃是关键所在。如果呆如木鸡、状似标本，其魅力和价值要大大降低。即使是无生命体征的象形石——如菜肴、水果等，有的也需要给人以活色生香的新鲜感和亲近感，给人以一种感官刺激和享受。

需要解释的是，所谓比例协调，是指象形石与对象之间的一种契合，有的需要一比一比例，即使放大或缩小整体或局部也要保持同比例；有的象形物属于石头上面的一个局部，也需要与外围和石头整体保持一个理想的比例，对比最好鲜明突出一点，体量不宜过小，位置不宜过偏。所谓观赏面大，是指石头在表现和再现某一物体的时候，其观赏角度宜越大越好，四面可观最佳，至少不宜小于15度。如果观赏（最佳）角度稍纵即逝，即使再上照（摄影照片往往容易对焦锁定其最佳角度），也不能被认为是精绝之品——这往往表现为肖像的侧面轮廓。所以单单从照片来判断象形石的好坏往往会出偏差，就像隔山买牛一样，最好要经过实物检验推敲。所谓神韵，现代绘画大师张大千认为："作画，首先要了解物理、体会物情，观察物态。无论画什么，总不出这三个原则。了解了这三点后，画出的画才能形态逼真，神韵生动而跃然纸上。"所谓"万物之中皆有神在"，充分表现物之理、物之情、物之态，这大概便是体现物体

1. 新疆风凌石"孔子授经"，人物形象颇具神韵（宽18cm，枕石斋藏）
2. 内蒙古沙漠漆"刺猬"，带有鸡骨石特征，头部俏色，具有动感（宽10cm，枕石斋藏）

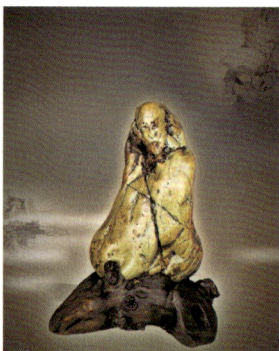

1. 新疆玛瑙石"香梨"，大小一比一，形状纹理到位（宽 10cm，王永奎藏）

2. 内蒙古硅化木"和平鸽"，木化石中难得一见如此动感象形石（长 8cm，枕石斋藏）

3. 内蒙古风砺硅化木"贝多芬"，酷似音乐大师的侧面头像，颧骨凸出，眼窝深凹，鼻骨挺直，长发飘逸，颇具神采（宽 12cm，枕石斋藏）

4. 内蒙古戈壁玛瑙"罗汉"，俏色难得，静中有动（高 9cm，枕石斋藏）

5. 福建九龙璧人物精品"一代高僧"，五官皆备，神情寂然，比例到位（高 30cm，陈军以藏）

6. 安徽灵璧石"富贵有余"，质地玉化，形象生动（宽 40cm，秦石轩藏）

的神韵之所在吧。

有生命体征的象形石，应该以人物为上（国画以山水为上，西画则人物为上），所谓万物人为尊，人物石的审美观照容易雅俗共赏，引发共鸣。而且人物涉及面之广泛和多元，也是任何其他物种难以企及的，包括古今中外的名人明星，也包括各种艺术作品所虚构的主人公形象，还包括各类佛道神仙，可谓各类杂处，阵容庞大，他们大多具有令人过目难忘的主要特征，人们耳熟能详。其中，头部是人物石最关键的要素——人物石中常见头像石，一般人物石多要求头部出挑，比例协调，比如速写之中有头部比例立七坐五蹲三之说，可作借鉴。有的最好还要有俏色。

这里面需要注意的是，人物——包括名人也有一个善恶之别，比如伟人与枭雄，虽然形成难度都一样大，但显然人们更乐意接受真善美的人物形象。有意思的是，人物形象之中，有的会经常出现——如寿星、观音之类虚拟人物，有的则极难见到——如公众人物、影视明星等，这也是奇石神秘性的一种体现。而且，一般水冲石难以出现人物五官细节——九龙璧是一个例外，而山石、风砺石则容易出现人物五官细节。这是判别其形成难度的一个重要方面。

无生命体征的象形石，除了注重题材讨巧之外，考察其形成难度很重要，其实就是一种稀有性，这需要了解有关石种特点，石性特征。比如水冲石、风砺石很难出现洞穴凹窝之类，山石则比较容易出现；绝大多数石种都很难出现规整几何形状的物体，相对于山石、风砺石而言，水冲石中更容易出现此类象形石。整体而言，风砺石最容易出局部细节肌理效果，山石其次，水冲石再次之。

（三）物以稀为贵

值得一提的是，物以稀为贵的法则在象形石中体现得更为突出。如在人物石中，古代道释类人物出现的频率和几率最大（以广西大湾石为例），但有关现当代著名人物的形象却很少见到，无疑后者的稀缺价值要高于前者。又比如，动物石中的十二生肖（包括造型石和图纹石），常见有鼠、猪、狗，少见到龙、猴，如果要同一石种、相似尺寸收齐一套十二生肖，其难度可想而知。

就像艺术创作一样，象形石的题材，也是应该强调主题——真善美——优先。

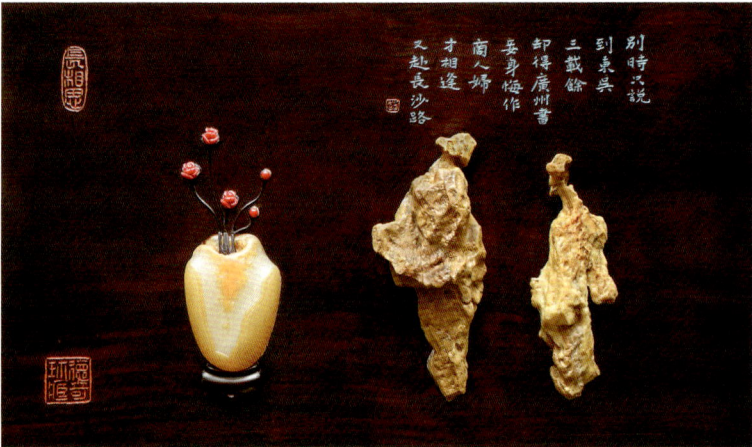

1. 内蒙古戈壁玛瑙"吉羊"，神态可掬，生动形象（高 12cm，枕石斋藏）

2. 内蒙古戈壁石组合"长相思"，被设计制作成画屏样式，加以书法点题，极富创意（板长 40cm，赵德奇藏）

比如艺术大师齐白石曾经在一张名片大小的宣纸上（7cm×9.7cm）画过一只苍蝇（1920年作）。作为"四害"之一的苍蝇入画本来就极其罕见，这只"蝇"却被大师赋予了更多人文关怀，附上了两段感人的文字："庚申冬十月，正思还家时也。四出都门，道经保定，客室有此蝇，三日不去，将欲化矣。老萍不能无情，为存其真。阴历十有一日晨起，老萍并记。""此蝇比苍蝇少大，善偷食，人至辄飞去。余好杀苍蝇而不害此蝇，感其不骚扰人也。十二日又记。"这是国画的一大优势，也就是诗书画印合一，画不足，文可补，这才有了画境的提升。如果同样在象形石中具有类似的题材，即使再像大师笔下的物件，虽然也可以诗句妙言点题，恐怕未必也一定身价不菲，因为这是大自然"忽焉而成"的不自觉的产物，无法赋予特定的人文情怀。即使有，也总归觉得有点勉强和牵强。这也是人为艺术与天成艺术之无法逾越的鸿沟。

很多人自觉或是不自觉地将观赏（象形）石精品视作为艺术品，所以总是与艺术作品相提并论，有的则是完全从艺术大师手下的作品寻找灵感，以发掘其不凡身价。比如广西摩尔石（原称磨刀石）的命名可算一例——虽然摩尔石的造型主题表现多为抽象类，但某种程度上说它也是象形石，是一种像摩尔雕塑的石头。

其实，观赏（象形）石和艺术作品之间可以类比（主题或是样式），但决不可等同。比如，艺术作品可以不讲究材质（国画的纸与西画的布，本身没有很高的价值），观赏石精品却十分强调质地；艺术作品大都注重的是主题思想，观赏石精品却并不一定都有特定的主题；艺术作品残缺也有美（断臂的维纳斯雕像可算一例），观赏石精品却讲究品相完美，没有崩裂缺损；艺术作品可以纤毫毕现，观赏石精品却往往细节难寻。尤其需要指出的是，观赏石精品可以与艺术作品相提并论，无非是因为它们都从属于艺术审美范畴。但是，观赏石除了艺术审美之外，还有一个重要的方面就是猎奇——这也是魏晋以来观赏石一直被称作奇石的原因。奇和美这两者有时候是相通的，但有时候却并不统一，奇有时候就是特别、怪异甚至丑陋的代名词。观赏石之所以被称作奇石，正是因为它的不可思议，常在意料之外，不在情理之中。在艺术作品中，也偶尔会有类似现象，大凡是艺术作品（或是画家本人）极少表现（往往是不屑一顾或是不讨巧和难表现的）的怪异题材，其最后往往却能够得到青睐。这大概也是物以稀为贵的法则在起作用吧。

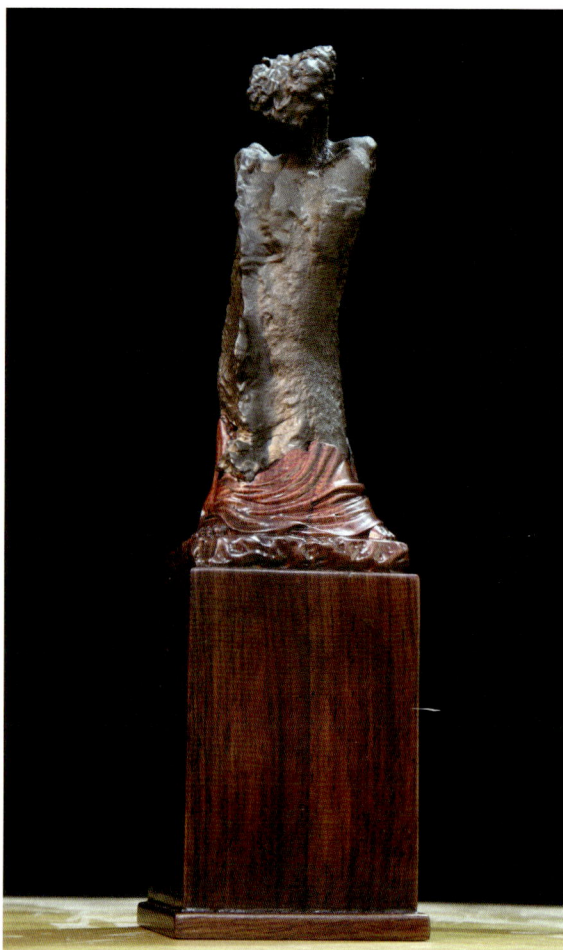

1

1. 内蒙古戈壁石"维纳斯"，与
   法国卢浮宫所藏著名雕塑造型
   颇为神似（高20cm，得云轩藏）
2. 广西都安石"大士"，富于动感，
   气场十足（高60cm，昆仑石屋藏）

2

三、抽象

（一）抽象分古今

如果说，似为象形，那么，不似无疑就是抽象了。但是，大千石界，似者何其稀少，那么剩下的不似之石就都是抽象石吗？这显然值得商榷。

抽象石的鉴赏因为其评判标准似乎并不那么容易掌握，往往要么被忽略，要么被滥用，要么被误读。我们绝不能简单地把非具象石统统归类于抽象（意象）石。很多观赏石只是石头，还无法称其为奇石（更遑称其为艺术品），没有必要归类。

从艺术起源上说，抽象（意象）艺术源于具象艺术，这需要赏石者具备相当的艺术涉猎和深厚的文化积淀。欣赏抽象艺术，往往需要像欣赏音乐一般的心态，也就是用心灵直接感受，倚赖直觉，无需辨识。比如对于梦，最使人不能忘怀甚至深受震撼的不是梦中发生的情节，而是梦的意境中所传达的气氛和情绪。你能够感受，但却不能言传。抽象艺术传达的就是气氛和情绪一类的体验，而不是形象或是主题。当代艺术之中的表现主义就是其中的代表。

如果说，抽象艺术严格来说并没有可以界定的标准的话，那么古典赏石无疑就是一种突破，一种范式。这也是中国古代赏石对于抽象艺术的一种探索，一种贡献，有着丰富深厚的文化积淀，历久弥新。一直以来，古典赏石成为赏石中的另类，抽象石的代表，艺术品（拍卖）市场的宠儿。

所谓古典赏石，就是指以瘦漏透皱为结构特征的、以抽象形态为主要表现形式的赏石，它曾经在中国古代赏石中占据主导地位，古代四大名石（太湖石、灵璧石、英石、昆石）均属于古典赏石范畴。即使在今天新开发的石种之中，也有类似的表现，如新疆风凌石、内蒙古戈壁石、广西都安石、墨石、江苏栖霞石等。也就是说，以太湖石等为代表的古典赏石，主要欣赏的是一种抽象审美，

1. "文人石"灵璧石（高60cm，理查德·罗森布鲁姆藏）
2. 非洲戈壁石"玲珑"，具瘦皱漏透之态（高26cm，得云轩藏）

虽然其中景观、象形也有所见，但并没有成为主流。即使在今天，包括像昆石这类需要完全清理加工的赏石，并没有刻意加工成为景观或是象形物，而是完全按照古典赏石抽象美的法则去加工成型。

古典赏石所体现出的抽象美，往往给人以似是而非的感觉。例如，苏州古典园林狮子林以"假山王国"闻名。园中千姿百态的太湖石，顾名思义感觉像一群狮子，可仔细一看又什么也不是。如狮子林中的小方厅院中有一座著名的假山立峰"九狮峰"，据说上面堆叠有九只狮子，可是游人很难找到这么多的石狮。当代艺术大师吴冠中曾经不止一次地画过狮子林和太湖石，他认为"苏州狮子林其实是抽象雕塑馆"。

值得一提的是，古典赏石的抽象美，并不像当代艺术抽象表现中的百花齐放、无迹可寻，而是形成了相对稳定的一种接近程式化的样式，在结构上以透、漏、皱见长，漏与透两者意思比较接近，是指石体的结构表现为孔窍通达，剔透玲珑，漏侧重指上下贯通，透侧重指前后贯通，皱是指石体表面的凹凸褶皱肌理；造型上取法瘦、危、变，瘦是指冗繁削尽，亭亭玉立，多取立式造型；危是给人以危危欲坠的感觉，多取上大下小之态，俗称云头雨脚；变是指形态上富有变化而非定型，可谓曲尽其妙。

1. 昆石"昆仑风骨",肌理皱襞深密,质感十分强烈(高76cm,陈志高藏)
2. 苏州古典园林狮子林供置的一方太湖石,云头雨脚,极富意韵(高180cm)

(二)古代讲瘦透

当代著名美学家朱光潜曾总结道:"美的形体无论如何复杂,大概都含有一个基本原则,就是平衡或匀称,这在自然中已可见出。"而古典赏石与之背道而驰。所谓透、漏以表现的孔穴,对于石(实)体来说其实是一种残缺和破相;至于瘦与皱,虽然环肥燕瘦,各有所爱,但毕竟"瘦"是一种病态,而石体表面的凹凸褶皱也与光滑饱满形成了一种强烈反差,是一种非常之态。瘦与皱其实还是一种拟人化的说法,极容易使人联想到饱经沧桑、风烛残年的老者。瘦皱漏透如果一言以蔽之,那便是丑。所以,古典赏石并不符合形式美学所提倡的均衡、匀称、节奏、韵律乃至黄金分割等诸多原理,与形式美学是完全格格不入的,也是一种反形式美,包括唐宋以来历代著名诗人如白居易、苏东坡等,均认为是一种"丑",清代画家郑板桥在题《石》画跋中称:"东坡又曰:石文而丑(应为'石丑而文')。一丑字则石之千态万状,皆从此出。……燮画此石,丑石也:丑而雄,丑而秀。"近代刘熙载在书论专著《艺概·书概》中对此作了终极意义的总结:"怪石以丑为美,丑到极处便是美到极处。一'丑'

87

字中丘壑未易尽言。"

古典赏石类型的抽象题材，虽然也有瘦皱漏透、云头雨脚的形似要求，却并非是客观对象的摹拟，而是一种抽象的程式化审美，有别于"发现的艺术"，更像是一种"观念的艺术"——这里面包含了古代文人士大夫的哲学、艺术等意识观念。如古典赏石所强调的透漏感，与古典建筑空间美学和绘画美学有着千丝万缕的联系，前者表现为透风漏月、曲径通幽，后者表现为计白当黑、虚实相生。古典赏石的空灵结构和抽象造型，体现了一种亦刚亦柔、有形无形的矛盾结合体，堪称古典朴素唯物辩证法的一种表征。美国已故著名古典赏石收藏家理查德·罗森布鲁姆长期以来从事室外雕塑艺术创作。在他看来，西方雕塑艺术都是从外形轮廓的变化来创造有限的物象，而中国"文人石"（现代西方学者称中国古典赏石为Scholars' Rocks，即文人石）的生命是从内在生成。比如漏透的太湖石是洞中有洞，让人感觉到天地之中有天地，在有限中创造出无限的空间，代表了一种新锐的哲学观念，他编著的名著《天地中的天地》(Worlds Within Worlds) 的书名便由此而来。

古典赏石以丑为美，所谓丑其实也与抽象相关。案《说文解字》，"丑"（醜）本意是可恶如鬼。鬼怪虽然可恶，但毕竟是虚构之物，这也说明古典赏石所独具的那种超乎人们想象丰富而又难以捉摸的表现力，这是一般人为的艺术品所难以望其项背的。在唐宋诗人心目中，这种丑状也是和鬼神直接相联系起来的："厥状复若何，鬼工不可图"（唐皮日休《咏太湖石》）、"掀蹲龙虎斗，挟怪鬼神惊"（唐牛僧孺《李苏州遗太湖石奇状绝伦因题二十韵奉呈梦得乐天》）、"奇应潜鬼怪，灵合蓄云雷"（唐白居易《奉和思黯相公以李苏州所寄太湖石奇状绝伦因题二十韵见示兼呈梦得》）、"巉顽累叠百千状，人兽鬼魅相仿佛"（宋金君卿《怪石》），等等。

古典赏石是一种莫可名状的抽象之态，过去人们往往以天上变化莫测的云彩以命名奇峰怪石，诸如古典园林中的著名置石瑞云峰、冠云峰、皱云峰等。一方面，古人认为，云"触石而出"，故称石头为云根，云与石有着不可割裂的关系。另一方面，云是不断变化而非定型的抽象物，以云来命名也就意味着古典赏石造型上的不可捉摸性，也就是一种抽象美。古典赏石都属于山石类碳酸岩，容易风化腐蚀百变结构造型，当代赏石以水冲石、风砺石类硅质岩居多，虽然不易形成瘦漏透皱结构抽象造型，但也偶有所见此类经典造型，弥足珍贵。

1. 太湖石"玲珑"，几处洞孔别有天地（高 60cm，柳国兴藏）

2. 清代菊花石，被加工成透漏状供石形式（高 30cm，理查德·罗森布鲁姆藏）

3. 苏州园林博物馆一景（太湖石高 180cm）

1. 供置于苏州吴江静思园的镇园之宝灵璧石"庆云峰"，周身窍穴遍布，高9米，重达136吨

2. 广西八音石"小皱云峰"，具有古典赏石之态（高45cm，秦石轩藏）

3. 古典赏石造型的英石和清代瓷板插屏纹样相映成趣（石高15cm，枕石斋藏）

其实，瘦皱漏透不但是一种相石之法，也更像是一种画石之法。对此，历代画家都有揭橥。如近代《三希堂石谱大观》指出："画石之法，不外曰皱曰瘦曰透曰丑……石之为物……宜奇丑，宜老硬，宜空灵。"有意思的是，宋代以后有关赏石审美标准的评判，大都是书（画）家总结得出的，包括许多书论中的见解，都可以移作赏石审美观。

（三）当代重形式

相对来说，当代赏石由于质地多非碳酸岩类，其抽象形态更多地体现在线、块、面上，其表现的形式也有了多样性，其中不少造型是从现当代抽象艺术中寻找到的一种灵感。摩尔石的得名和鉴赏可谓典型一例，这也是赏石艺术向美术界及主流社会推广普及，求得认同的一种体现。

摩尔石是 20 世纪末广西红水河水冲石中崛起的新秀，主要产自大化县岩滩。摩尔石的命名，得自于英国现代雕塑大师亨利·摩尔（1898—1986）的名字，这在石种的命名上可谓绝无仅有的一例。原先，当地按其质色特点俗称之为磨刀石，比起其他质色靓丽的优质水冲石，这个名称多少有点贬义成分。2000 年 10 月至 2001 年初，"亨利·摩尔雕塑大展"先后在北京、上海两地举行，我国观众得以首次近距离接触其雕塑作品。亨利·摩尔以创作大型抽象雕塑而著名，包括人体形象，特别是"母与子"或"斜倚的人形"是最常见的主题。摩尔作品的最大特点是通常都包含孔洞或主体被穿透。而其起伏的曲线外形，被认为是受到他的出生地约克郡起伏的山丘地形的启发。摩尔雕塑更多的是居于似与不似之间的抽象意味，线条柔和、体态夸张、开阔自如，十分大气。这些极富想象力和抽象表现意味的雕塑作品，震撼了我国的美术界，许多赏石界的有识之士敏感地发现，磨刀石的线条造型与其十分相似，磨刀石大多色彩单调，以青灰色为主，但造型变化奇，形成难度大，以体块、线条见长，刚柔相济，其主题样式带有某种不确定性，更接近于现代抽象雕塑作品，有的简直可以说是摩尔雕塑的翻版。从此，磨刀石的艺术审美价值被越来越多的赏石界有识之士认可，其名字渐渐地被摩尔石所取代，市场价值也水涨船高。摩尔石的命名可谓是化腐朽为神奇的点睛之笔。摩尔石几乎都是以似是而非的抽象类居多，其

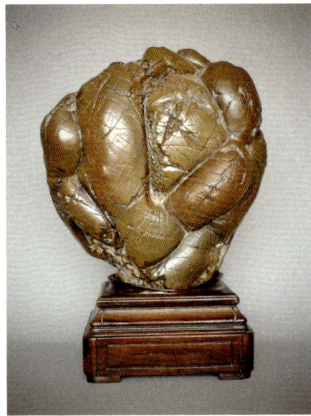

1. 广西摩尔石"无题"，颇似摩尔雕塑样式（高80cm，黄云波藏）

2. 当代雕塑家展望的不锈钢雕塑"假山石"

3. 广西来宾石胆石"混沌初开"，似象非象，富有雕塑感和张力（高38cm，枕石斋藏）

体块和轮廓线条极富雕塑感、动感和张力，主题带有很大的不确定性，给人以一种神秘而又震撼的美的感受。

如果说，以太湖石为代表的古典赏石以造型、结构取胜的话，那么摩尔石就是以体块、线条见长，它并不强调主题的确定性和象形程度——事实上许多摩尔石精品确实很难命题。同样，观赏石的各类自然元素之中，包括质地、色彩、形状、纹理、结构等，凡是以某一两项见长，甚至以某一项见长，只要其契合了形式美中的均衡、匀称、节奏、韵律乃至黄金分割等原理——按照亨利·摩尔的说法："作为一种有意识的、经得起推敲的形式，仅仅带有空洞的石头，也可以构成一座立在空中的雕塑。"——其主题表现带有不确定性，都可以视作为抽象石。

也就是说，如果我们把奇石的各类自然元素视为形式、主题形象视为内容的话，那么，当形式大于内容，即包括色彩、形状、纹理、结构以及点、线、面、块等某一项特别突出、有迹可寻、符合形式美感的非具象奇石，都可以视其为抽象石。这除了个体石头之外，也包括有一些石种，以某一类自然特征见长，少见主题形象。如广西来宾卷纹石、灵璧纹石、新疆泥石等，大都以纹理奇或美取胜，很多精品也并不一定有主题形象，但这并不丝毫减弱其表现力；广西

1. 广西卷纹石"无相"，造型似与不似，富于想象空间（高15cm，枕石斋藏）

2. 台湾铁钉石大多结构怪异，质地特别，少见具象（宽18cm，枕石斋藏）

3. 非洲孔雀石"绿云"，类似古典赏石云头雨脚造型（高18cm，秦石轩藏）

来宾石胆石、新疆雅丹石、青海结核石等，单个结核体或多个联合体的肌理造型十分奇特，饱满丰富，变形夸张，往往给人感觉似与不似，却回味无穷；广西卷纹石、古陶石、台湾铁钉石、湖北云锦石、绿松石等，肌理结构十分怪异，变幻莫测，很少出特别具象的象形石，更多的可以作抽象石来看。

概而言之，只要奇石的（某种）形式（美感）大于内容（主题）的，都可以视为抽象石。

四、画面

（一）图纹分两类

　　如果说，造型石可以细分景观、象形、抽象等类别的话，同样作为与造型石相提并论的图纹石（又称画面石），其主题形象也可以细分景观、象形、抽象等类别，但我们一般不再单独将其分类。因为相对于造型石的三维空间，图纹石一般多属于二维空间，往往缺乏立体变化。其审美主要是依据图案画面的构图而定。其中，图纹石又可分为两种，一则是完全切割打磨的图纹石，图纹为一个水平面；一则为未经加工打磨的原石，往往图纹非一个水平面，带有一定弧度和曲线。

　　所谓图纹的构成，往往是由纹理褶皱图案等形成。造型石之中，其实也存在一些图纹感的东西，有的也构成了表现主题。有时候，两者不太好严格地区分。如果一定要把它们区别开来的话，那么，凡是以凹凸纹理褶皱构成图纹主题的，可以视作为造型石，因为其带有三维空间，如灵璧纹石、新疆泥石、来宾纹石等；凡是以平面纹理图案构成的，可以视其为图纹石。造型石中凡以平面图纹主题为欣赏对象的，也可以归类到图纹石中。

　　图纹石大致可以分为原石和切割石两大类。原石是指未经加工处理的独石。它一般都有完整明显的石皮，绝大部分是江河湖海中的卵石，如长江石、黄河石等，多数图纹石表皮较粗糙，有细微毛孔，在干燥状态下颜色较浅，反差不很强烈，上水上蜡后颜色就会光鲜许多，对比度提高；一小部分则埋于泥土沙砾之中，石表受到酸性或碱性土壤的侵蚀，图纹显得有点模糊不清，如雨花石等。需要指出的是，原石之中，有的也存在清洗处理石皮的情况，包括酸洗、上蜡等，原则是不改变石头的外形和图纹。其中关于打磨抛光的情况，情况稍微复杂一些，

1. 广西三江石"白蛇"，动感十足，色彩对比强烈（高40cm，周易杉藏）
2. 广西大湾石"月是故乡明"，意境澄明，富有诗情画意（宽18cm，枕石斋藏）

有的石头经过打磨抛光表面图纹可以更加清晰可辨了，比如雨花石；有的石头经过抛光以后其实已经改变了其原形，甚至是岩石经过切割减肥以后再经过抛光处理，让人无从判断其原来的形状，这只能归类到切割石了。

所谓切割石，也就是将岩石或是原石经过加工切割或是打磨处理，将其图纹更加清晰地显露出来。这其中也可以分为两类。一类是模仿原石的卵石类造型，也就是将原石经过减肥处理，大体保持原石的立体造型，如青海七彩石、黄河梅花石、湖北菊花石等；一类是模仿图画的样式，将原石切割加工出几何形状或者不规则的平面造型，如云南大理石、广西草花石等。

之所以将图纹石作这些分类，是因为其收藏价值是有所区别的。图纹石主要聚焦的是其图纹。未经加工处理的原石图纹形成难度最高，特别是在表现类似主题图纹画面的情况下，其价值要远远高于经过加工处理的准自然石。经过加工处理的准自然石，虽然其图纹也是天然的，但并不能排斥是人为刻意加工处理，有人为作用的成分因素。比如说，原来的图纹像一枝梅花，但枝干有点乱，如果经过减肥打磨处理之后，乱枝往往可以修减去掉，画面更加动人。包括平面造型的图纹石，虽然图案也是真实的，但不能排除其已经将冗余部分切割掉了，也无法判断是否是经过人为反复打磨刻意追求的最佳效果。也就是说，经过切割打磨减肥加工处理的图纹石，其图纹画面主题往往可以更加生动形象，鲜丽夺目，甚至不排除有绝品形象出现，其观赏价值乃至经济价值有的并不比原石低，但其天趣已失，而且常常一旦有其一，便会有其二。从这种意义上讲，图纹石加工处理程度越深，越要减分。

1. 打磨过的湖北清江石 "牧野"，表面光滑平整，画面引人入胜（高38cm，李彦森藏）
2. 四川雅砻江石 "暗香疏影"，石表白色为自然凸纹，十分少见（高12cm，彭志杰藏）

需要强调的是，准自然图纹石之中，图纹应该与石表平整一致，有的凸现或是凹现于石之肌表的纹理，往往是人工刻意磨琢（点磨）而成的，这已经超过了基本加工处理的底线，变成一种作假作伪了，只能视其为工艺石。而有的图纹石原石（卵石）的纹理会有凹凸的，应该特别注意有没有加工，经过加工的往往石皮不存。

（二）构图多讲究

就像国画、油画等形式一样，图纹石的审美主要包括外形、构图、色彩、主题等要素。

对于图纹石来说，外形的完美与否是一个重要指标（俗称石品，即石头的品相）。但是，一般人往往会忽略掉，也多不作为鉴评标准的指标，这大概是因为图纹石包括原石和切割石两大类，很难统一表述。但不可否认，就像绘画艺术强调形式美一样，图纹石的外形也需要强调形式美，有时候图纹很美，主题很好，但是石头外形欠佳，形式不美，与图纹、主题配合不佳，也无法认定其为精品、珍品。就像形式美学所主张的均衡、匀称、韵律、节奏等一样，图纹石的外形大

1. 河南梅花石"杨贵妃"，原岩经过打磨而成，外形颇为规整，人物主题鲜明，色彩富有装饰感（宽16cm，李杰藏）

2. 外形经过加工打磨的广东乳源彩石"漓江春色"，色调如同印象派油画，重彩浓墨（宽40cm，吕飞英藏）

体也应该符合这些要求。如雨花石品相讲究扁薄端圆，扩而广之，卵石类图纹石大体可以参照此要求，讲究浑圆端庄，厚薄适宜，无论正圆、椭圆、正方、长方，外形轮廓一般不宜出现突兀曲直凹凸的生硬线条和缺损块面。切割石一般以几何形状为主，其外形轮廓宜方或圆或扇形或规则几何形状，符合国画欣赏的原理。也可以是不规则形状，但大体也应该符合形式美学的法则。无论卵石还是切割石，其厚度都不应太薄，也不宜太厚。

比较难以把握的是，类似草花石、乳源彩石之类的切割打磨类图纹石，其外形一般以随形居多，似乎是介于卵石图纹石（原石）和平面切割图纹石之间的，这也是为了充分展现其图纹之美。近十年来，包括黄河石、长江石等以水冲卵石为代表的（原石）图纹石，也频频出现了这种切割打磨类。

构图是图纹石的生命。特别是对于一些以画面感来衡量欣赏的图纹石构图，我们更多的是参照绘画的表现手法和技法去考量其画面美感的。这里面有一个前提，就是图纹石的外形要与画面（国画）形式相一致或者基本接近（切割石往往已经尽量向国画的形式靠拢了，不少原石则会有一些缺憾），也就是说形式是前提，也很重要。图纹石的画面与绘画类型比较接近的形式包括：国画、油画、版画、壁画、岩画、水彩画、水粉画、漫画等，尤其是国画和油画，最为典型。关于画面（国画）的构图法则，其实传统画论（尤其是山水画）已经有了非常充分的表述了，大部分都可以借鉴和移用。如布势、主次、对比、均衡、疏密、开合等。特别是有关山水画构图有"五字法"的形象性概述——按"之"、"甲"、"由"、"则"、"须"五个字的结构样式来分割空间："之"字是左推右让，"甲"字是上重下轻，"由"字是上轻下重，"则"字是左实右虚，"须"字是左虚右实。再如"散点透视"中的"三远法"，宋代郭熙在《林泉高致》中称："山有三远：自山下而仰山巅，谓之高远；自山前而窥山后，谓之深远；自近山而望远山，谓之平远。"也就是以仰视、俯视、平视等不同的视点来描绘画中的景物，打破焦点透视观察景物的局限。此外，画面石的构图也可以借鉴一下摄影构图的形式，包括水平线、垂直线、对角线、曲线、汇聚线、分割线、三角形、开放式、封闭式、L形等多种构图方式。

色彩是图纹石的亮点。一般来说，图纹石比起造型石来，更强调的是其色彩夺目明丽。但是，色彩是为主题服务的，也就是说，色彩图案要与所反映的特定主题内容相契合，色与纹合，一味的强调色彩鲜丽，往往也会走入误区。

1. 河南洛河石"扶桑"，色彩具有油画特点（高15cm，枕石斋藏）

2. 四川雅砻江石"一线天"，色彩具有水墨国画特点（高35cm，熊峻松藏）

3. 雨花石"白日依山尽"，构图具有山水画"由"字特点（高7cm，柏贵宝藏）

4. 广西寻江石"雁南飞"，构图具有摄影对角线特点（高20cm，枕石斋藏）

1. 海鸥石纹理画面酷似海鸥翔集，产于四川都江堰，产量很小（高 32cm，张素荣藏）
2. 广西草花石"村墟起夕霭"，成景入画，色彩绚丽和谐（宽 20cm，枕石斋藏）

当然，除非七彩皆备，即使没有主题内容，也属难得一见。一般色彩达到四种以上，就很难得了。从画面感来说，如果说，油画注重色彩艳丽的话，那么国画比较强调水墨韵味，甚至可以墨分五色。与绘画的色彩来作比较，奇石的色彩大多是间色、过渡色为主，纯粹的色彩极少见到，也弥足珍贵。图纹石中的许多石种，其具有画面感的大多皆备油画和国画这两种风格，但总体来说以国画风格的居多。即使国画风格的，也并不仅仅以水墨韵味取胜，而是兼有设色重彩风格的，如青海七彩石、台湾玫瑰石等。

目前，以国画石来命名（别称）的图纹石不下五六种之多，包括广西草花石、云南大理石、四川长江石、河南嵩山画石、贵州页岩画石等，有的是原石，更多的是切割打磨石，其中最经典的莫过于草花石和大理石。如广西草花石，又称国画石，产于广西来宾市武宣县，形成于4.7亿年前的古生代，故又称古生石画。草花石的图纹，是由于各种致色矿物溶液沿节理裂隙及毛细孔充填，在一定程度风化情况下，呈现出绚丽多彩的色纹。景观绮丽，层次分明，高山湖沼、松柏花草无所不有，惟妙惟肖，有的轻描淡写，有的浓墨重彩。有时候还会呈现太阳和月亮图像，这大多是单体珊瑚或海百合茎化石的横切面的结果。

特别是大理石（以水墨花品种最为典型），其色纹的流动感、大片的留白、黑白分明以及墨分五色、山水画意等特征，自晚明以来，倍受文人画家的青睐，旅行家徐霞客予以了极高的评价："造物之愈出愈奇，从此丹青一家，皆为俗笔，而画苑可废矣。"所谓大理石画一出可废画苑之说，被后世许多有识之士所认同，如清代林则徐也发出了"欲尽废宋元之画"之说辞，著名文学家、书法家

台湾玫瑰石画"听涛"，富于国画意境（高40cm，宏远藏）

云南大理（河底）石"海潮"，色彩对比鲜明，画面动感十足（框宽 45cm，枕石斋藏）

阮元则将它径称为"石画"，在《论石画》一诗中也有此感叹："惟此点苍山，画工不得比。……始叹造化奇，厌却绢与纸。"大理石成为了国画石中最具文化内涵和代表性的石种。近些年来，大理石新开发出了一种河底石，系点苍山的大理石原矿坠落河中，经过亿万年水洗淘汰而成，其色彩和画面更似油画，色彩丰富而又浓烈，画面感也颇似油画风格。

（三）主题是灵魂

主题是图纹石的灵魂。图纹石所反映的主题，大致包括山水、具象、抽象、文字等类型，无论何种呈像表现，都是以点、线、面、块的自由搭配组合而成。其中，类绘画（包括名家书画）是最高境界，也就是以艺术审美的规律来观照，包括物象构图和经营位置等，越是接近名家作品，便越有审美价值。比如文字石，如果简单地像汉字，只是最基本的要求；如果像（四体）书法作品，那么其价值无疑更进一步；如果更像名家作品，无疑其价值更高。主题的重要性程度，或者说雅俗共赏性、吉祥向善程度越高，其价值无疑也越高。传统国画山水为上，西洋绘画人物为上，前者反映出师法造化的情结，后者体现了人本主义精神。作为东方赏石艺术的代表，图纹石大体应该服膺于传统国画的创作理念，以山水为上。

山水主题的图纹石构图，完全可以借鉴山水画的审美。画面要以小见大，

1. 打磨过的青海七彩石"溪山行旅图"，色彩鲜明，画意类似范宽《溪山行旅图》（高24cm，枕石斋藏）

2. 四川长江石"大漠雄姿"，画面反差强烈，气势不凡（宽16cm，林同滨藏）

3. 雨花石"归帆去棹斜阳里"，类似印象派油画色调（高6cm，孙福顺藏）

4. 四川长江石"女歌手"，画面对比强烈，构图十分和谐（高14cm，枕石斋藏）

5. 广西大湾石"祈祷"，画面干净，反差强烈（高13cm，枕石斋藏）

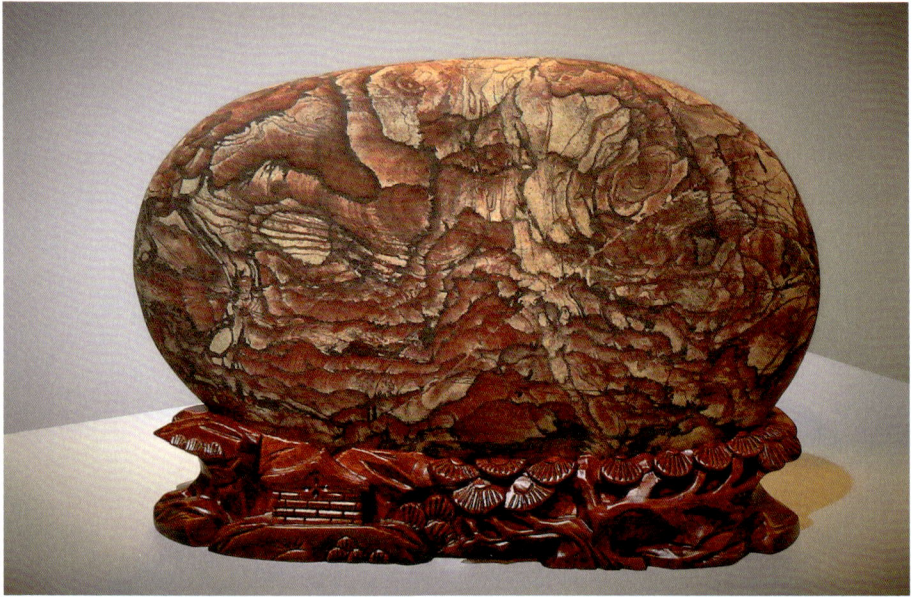

四川长江芙蓉石"万山红遍"，纹理极有特点，喜气富贵（宽 30cm，王道林藏）

南朝宋代宗炳的《画山水序》中就提到了山水画的缩景之妙："竖画三寸，当千仞之高；横墨数尺，体百里之迥。"山水画还讲究要有深邃的意境，体现出诗情画意。所谓意境，就是指抒情性作品中呈现的那种情景交融、虚实相生、活跃着生命律动的韵味无穷的诗意空间。现代山水画大师李可染曾经指出："意境是艺术的灵魂，是客观事物精粹部分的集中，加上人的思想感情的陶铸，经过高度艺术加工达到情景交融。借景抒情，从而表现出来的艺术境界。诗的境界，就叫做意境。"传统山水画中的散点透视、虚实处理、计白当黑、意象造型等技法，就是使画家在意境构成上获得了主动权，打破了特定时空中客观物象的局限，同时也给欣赏者提供了艺术想象的空间。图纹石中的山水画面，大凡有意境的都是可以从古典诗词中寻找命题的灵感，这方面，雨花石和大理石这两大图纹石堪称典型，自明清两代以来，以诗情画意品题蔚然成风，成为一种传统并绵延不绝。由此可以这样说，有没有诗情画意，是判定图纹石山水画面优劣的重要标准。

图纹石具象画面之中，包括人物、花木、动物、器物等。人物无疑是具象中的最高级。所谓人物，又以历代名人（包括神话传说）为上。除了形似之外，更强调神似，如同国画人物创作所主张的气韵生动、形神兼备。包括其他有生命体征的物像，如动物等，都应该以形似为本，神韵为上。甚至有时候五官细节之逼真程度可以忽略不计，关键在于是否有神韵，就像国画中的写意画一样。包括抽象（意象）画面石，也特别需要注重神韵的问题。

值得一提的是，图纹石之中，有一些是以某种具象的物种（花木居多）为主要呈像特点并命名的石种，顾名思义构成了呈像主题，可以按图索骥，其中又以植物类居多，如菊花石、牡丹石、荷花石、梅花石、芙蓉石、草花石、模树石等。如长江石中的芙蓉（非宝石中的芙蓉石），是指产自四川、云南金沙江流域的一种图纹常现芙蓉花似花瓣状的长江石，色彩多呈紫、红色，虽然产出很少，但以其图纹的稀有、美观、喜庆等特点为人所重，成为了一种特定的石种。也有的石种，具有一些比较带有普遍性特征的图纹呈像，如广西水冲石中的草花纹，云南黄蜡石中的哥窑纹、水草纹等，都是比较突出的图纹主题。这类画面除了强调对比清晰、色纹相合以外，构图完美与否是一个重要考量。

石之赏

●相对于其他艺术品种类，观赏石有着自身独特的艺术语言和审美理念。

观赏石也强调意境和神韵，实际上表明了观赏石的鉴赏与传统诗词书画雕塑艺术之间的密切关系。

观赏石的意韵发掘，需要特别注意其题材的吉祥意涵、民俗意义和象征意味。

●题名是由赏石升格为品石的必然门径。观赏石的题名，是人与石的对话，是思维与天籁的交流，是人们赞美自然的方式和尝试。

很多观赏石精品，其形态、图纹、意韵具有诗性和诗境，往往需要通过诗句点题才能充分揭示和展现其内涵之美。

●重视底座其实便是尊重奇石，使之从大自然的自在之物变成了有意味的东西。

观赏石的配座，好比是书画之有托裱，是作品完美与否的一个重要标志。

创意底座往往是为那些造型比较另类、演示需要讲究的奇石量身定制的，它的创作，往往不拘一格，不按常理，想象大胆，但却能出奇制胜，吸引眼球。

●组合石更需要一种发散性思维和艺术化创作，需要借鉴和运用艺术创作的原理和技法，融会贯通，别开生面，这也使得观赏石作为一种艺术品成为了可能。

成功的小品组合石，出彩的往往还不仅仅是奇石本身，而且是创作者的想法和创意，这其中也包括了其他道具和材质的选用。

一、意韵

（一）特点多样性

观赏石具有观赏价值、科学价值、收藏价值和经济价值，具备天然性、再现性、坚硬性、独一性、艺术性、科学性等特点。

天然性是它的自然属性。观赏石因质地坚硬，不易加工，更多地展现其天然之姿。观赏石强调天然性，具有自然美感，未经人为雕琢，并不是一概排斥人为的加工处理，这里面有个观赏特点问题，也有一个加工度的问题，原则是只减不增，不许拼嵌，不以人工的设计加工改变其基本观赏特点，人为加工处理应该是有利于充分揭示或是显露观赏石的天然本色。比如有些观赏石的清洗（乃至抛光）处理便是不可或缺的环节。像大理石之类纹理岩石大都需破山割岩才能得来，其外形都是经过人工加工处理的，但是其纹理图案却是天然而真实的。有的山石（如九龙璧）采集时也需锯截处理（切底），但其锯截面都不作观赏面。

观赏石具有再现性，自然界、人类社会的许多事物都能在观赏石中得以再现。更令人不可思议的，是它的许多呈象远远超出人们的想象世界，以至许多观赏石是无法命题的，所以宋代文学家欧阳修曾有"万象皆从石中出"（《吴学士石屏歌》）的名句。至于岩（硅）化了的化石、更是完好地保存了史前生物的活色生香，具有独特的科研价值。"横看成岭侧成峰"，常在意料之外，不在情理之中。观赏石所具有的这种生命活力和独特魅力，是任何种类艺术品所难以望其项背的，所以也很难以一个统一的标准去衡量束缚它。

坚硬是观赏石的本质属性，自古以来就有顽石之称，一般要求有较高的硬度（摩氏硬度在4—7度之间），所以有不朽之景、不败之花的美誉。地球大约

新疆风砺硅化木"大漠风骨",反映了在戈壁大漠的恶劣环境之下,树木顽强的生命力(高40cm,惠学耕藏)

形成于46亿年前，目前地球上最古老的岩石其形成年代超过40亿年，而我国已找到距今38亿年前的岩石，如辽宁鞍山的花岗质岩石、河北迁安的铬云母石英岩。即使从各类观赏石的生成年龄来说，少则都有数百万年的历史，远远早于人类自身的历史。如产于安徽省灵璧县磬云山的灵璧石，形成于8亿多年前。由此引申开去，观赏石又成为一种长寿的象征，韩国目前还有将观赏石称之为寿石的。古代寓意长寿的图案画幅，大都可以见到奇石的踪影。所以，观赏石又有古老性和恒久性。尤其是硅质岩，大多刀刻不动，不易风化，不易损坏，不怕腐蚀，不怕水火，具有恒久性和稳定性，不易受到外来物理、化学作用的改变。

独一性是观赏石的价值属性。独一性和不可复制性虽然在其他收藏品领域中也时有表现，但都没有观赏石那么典型，特别是其自然形成、难以复制的特点，远离和杜绝了赝品的干扰。自然观赏石不同于人工艺术品可造假、可乱真、可仿造等缺陷，充分体现出大自然的法度。观赏石的美是不能复制的，世界上绝没有质素完全相同的两块观赏石，人工也不可能复制出质素完全相同的观赏石，这也是它的价值难以准确估量的原因所在。另外，观赏石的珍稀程度是无法细微确定的。虽然观赏石资源是不可再生的，但到现在为止，还没有哪一种观赏石已被搜罗殆尽，全部浮出水面（市场），再加上赏玩者的情趣品味不一，对其珍稀价值的评价也就无法一致。另外，独一性不等于稀缺性，观赏石的精品概率在不同石种之间的差异性极大，有的千里挑一，有的万分之一，有的甚至没有代表性的精品。

类艺术性是观赏石的美学属性。观赏石是否属艺术品虽然尚有争议（观赏石是一种天人合一的艺术形式，由于观赏石这个概念的外延较为宽泛，所以不能笼统地说观赏石是或不是艺术品，只能说：观赏石可以成为艺术品），但不可否认它具备了许多艺术品的共性，比如不少观赏石（精品）都能与人的心灵感应呼通，具有独特的艺术感染力。实际上许多观赏石的审美和评鉴，大都是参照相关艺术品（如雕塑、绘画）的标准而拟定的。甚而不少观赏石的配制座架，也是仿照有关艺术品的装置形式。至于赏石者，更需要具有近似艺术家的审美能力。

可采集、可搬移和把玩是观赏石的收藏属性。作为收藏欣赏属性的观赏石可分室外和室内两种。室外如园林峰石，体积稍大，不易搬运展示。室内如厅堂供石、案几雅石乃至掌中玩石，体积较小，大者如灵璧小峰，微者如雨花玛瑙，

1. 现代名家熊松泉等"岁朝清供"国画，供石寓意长寿

2. 贵州古铜石"秦俑"，古铜石产出不多，精品更少（高35cm，孙瀑恩藏）

3. 内蒙古戈壁小品组合"老鼠偷食"，借鉴了齐白石笔下的画意，形象生动，构图完美（板宽
   28cm，王太林藏）

品类繁多，可以随意把玩移观陈列，是观赏石收藏的主体。

科学性是观赏石的物质属性。许多观赏石都蕴含有大量的地质自然信息，具有极为重要的科学价值。用科学原理确实可以解释一些观赏石特有的现象或特点。如灵璧磬石为何叩之有声，而且声音特别清越？据对灵璧磬石进行的薄片显微鉴定表明，灵璧磬石的主要矿物成分为方解石微晶，晶体粒度小于0.03mm。灵璧磬石内还含有少量不透明矿物，呈不规则形和正方形，粒度也在0.03mm以内。它的晶粒大大小于细晶岩类和粉晶岩类而达到微晶的尺度，而且其含铁量较高的，包含元素种类之多在灰岩类中是罕见的，所以敲击灵璧磬石能发出类似金属的声音，微晶结构是灵璧磬石成为优质磬材的主要原因。又如灵璧石中的皖螺石，"皖"是安徽省的简称，"螺"是指它特具的螺旋图案，因其通体如龙鳞又名龙鳞石。实际上，皖螺石是4亿年前的钙藻的化石，也就是一种海藻类化石。在岩石类造型石和图纹石中，也存在许多类似的化石类遗迹，从中可以一窥当时当地历史地理环境演变的景象。其中，海洋生物化石最为多见，包括在大漠深处的内蒙古阿拉善戈壁石之中，也频频出现这类化石，这也是地球曾经为海洋所覆盖的佐证。

此外，相对于其他艺术品种类，观赏石又有着自身独特的艺术语言和审美理念。所谓观赏石，观者目视也；赏者心仪也。观者，其实不仅仅止于视觉，还包括五官其他部位的感受，包括听觉、嗅觉等。从观赏石众多品种而言，确实包括了其他感官感受的东西，如灵璧磬石，因其叩之有金玉之声至少从汉代以来已经成为庙堂钟磬之材，所以，其声音之悠扬与否也成为判别磬石之优劣的重要依据。包括其他有些石种（如英石），也有以叩音之优劣作为评价之辅助要素的。又如汉中香石，产于陕西汉中市南郑县碑坝米仓山系的深山密林之中（又称金香玉）。这里的岩石属蛇纹石化大理岩，具有鳞片状变晶结构。由于裸露地表，岩石普遍遭受风化作用，呈棕褐色，摩氏硬度为3.2—3.5，色泽古朴醇厚，质地柔和细腻。具有香味的岩石很不均匀地分布其中，香味的浓度差异甚大，香味的挥发有间断性，并且随时间有一定变化，有的很长时间都保持浓郁的香气，有的过几天就不怎么香了，或者接触了异味后停止放香，如果再把它用酒精抹一下，一会它又香了。一般来讲，颜色越深香味越浓。所有金香玉均呈现出一种基本相同的香味，即似巧克力味。据研究，香味是岩石中赋存的带有香味的花草树木之类的有机物成分，经过数千万年侵入岩石后产生的，

1. 灵璧皖螺化石，酷似一头摇头摆尾的福猪〔宽50cm，姚勤奋藏〕

2. 内蒙古戈壁石中的螺蛳化石，表明亿万年前那里是一片海洋〔枕石斋藏〕

3. 灵璧磬石"玉兔"，不但形色到位，而且叩之音声悠扬〔宽30cm，蒋涛藏〕

4. 新疆风凌石，一匹仿佛奔驰中骤停的马儿，卷起一路尘埃，静中有动，十分传神〔宽20cm，枕石斋藏〕

5. 广西古陶石组合"兰亭雅集"，人物形态各异，背景十分切题，渲染了主题〔宽40cm，朱明亮作〕

而蛇纹石具有较强的吸附香料物质的能力。

又比如，古代赏石不辨质地、不重质地，强调瘦漏透皱丑，成为了一种标志性的符号，其实是一种反形式美，以丑品石历史上曾被奉为赏石的圭臬，"怪石以丑为美，丑到极处，便是美到极处"（清刘熙载《艺概》）。又比如，美国已故的中国"文人石"收藏家理查德·罗森布鲁姆在把中国"文人石"与西方雕塑比较时发现，西方雕塑的生命力表现于外在形式与轮廓，而中国"文人石"的生命力却源于其石头内部质地与结构，特别是像太湖石之类漏透孔穴，让人感受到在有限的空间中有无限的变化。当代赏石则注重质色形纹韵，推崇以质取胜，注重主题表现，强调形式美学，提倡组合创作。其中，对于质地的要求包括新石种的开发，已经开始与宝玉石接轨了。无论是古代赏石还是当代赏石，底座的作用更是不可或缺，它是将自然之物变成为有意味的形式的一个决定性的"道具"，以至于创意频出，踵事增华。

（二）发现是艺术

意境和神韵，是评价传统艺术作品经常运用到的，也是传统文化的一种独特密码。观赏石之所以强调意境和神韵，实际上表明了观赏石的鉴赏与传统诗词书画雕塑艺术之间的密切关系。这是西方人所无法深入堂奥的。

当代赏石无论如何发展创新，离不开其根本，也就是传统诗词书画艺术。因为宋代以后有关赏石审美标准的评判，大都是书（画）家总结得出的，包括许多书论、画论中的见解，都可以移作赏石审美观。赏石其实被视为与书画互为补充的一种艺术形式，现代西方学者甚至把古典赏石（称之为"文人石"）视为一种抽象雕塑艺术品。

意境，是指一种能令人感受领悟，意味无穷却又难以明确言传、具体把握的境界。意境是意象的升华，是心灵时空的存在与运动，其范围广阔无涯，与中国人的整个哲学意识相联系。意境是指抒情性作品中所呈现的那种情景交融、虚实相生的形象系统，及其所诱发和开拓的审美想象空间，是主观精神的表现。

以天然岩石为审美对象的东方赏石，如同传统诗词书画一样，其最高审美境界就是意韵。意韵的发掘，是观赏石形、质、色、纹自然美的一种深度发掘，一种人文开拓，一种含英咀华，一般以情景交融、形神兼备、气韵生动、内涵丰富、意境深远、格调高雅为佳。它体现但又不限于题名、配座、组合、演示、赏析等人文"表现"手段。

观赏石作为一种"发现的艺术"，其实深度的"发现"就是其意韵的发掘，最终通过"表现"来完成"美的历程"，而这往往与发现者的学历、经历、阅历、游历等有关，必须熟谙生活和艺术，具有相当的想象力和发散性思维，对于日常事物具有很强而又敏感的体悟，熟悉乃至掌握与赏石原理相关的旁类学科，如美学、历史、地理、民俗、文学、艺术、地质等，做到触类旁通，灵活运用。其中古今中外的各种艺术流派和特点，要有所了解；古今经典诗文和历史典故，要有所掌握。特别是有关艺术创作的原理，要有所领悟。这些，可以说是能否发掘有关观赏石意韵的前提。同时还要熟谙每个石种的特点，注意搜集有关名家精品的资料，并依次类推，从中发现一些精品。

历史上，赏石与传统书画、园林、诗词、雕塑、盆景、文玩等表现形式关系尤为密切，互为补充，互为影响，成为一种特有的文化现象和具有稳定心态的文化传统。所以说，石中有文化，石中有深情。如果没有一定的文化底蕴和艺术修养，玩石就走不远。

形与神的关系，一直是传统造型和绘画艺术审美所关注的焦点。如果我们将赏石视为一种艺术形式，那么它的审美也应该服膺于形神兼备的艺术主张。而且相对于人为艺术而言，天为艺术的赏石缺憾更多，很难有十全十美、无瑕可击的奇石。如果一味追求具象形似，恐怕真的是要无石可玩了。而在注重形似的同时，更强调神似，甚至是得意忘形，可能离找到好石头不远了，同样离艺术的精神也更近了。

重具象而轻抽象（意象）而且一味求"似"，是当代赏石有别于古代赏石乃至于当代书画艺术的一个特点。当然，从形成难度的角度来看，似乎具象石比起抽象（意象）石来更显得不可思议。但如果就此无限地抬高其身价，似乎与赏石作为一种审美艺术形式的特点有背离之嫌。因为无论具象还是抽象（意象），"似"、"似与不似之间"和"不似"，都是艺术的表现手法而已，同样具有艺术感染力。只不过作为具象的表现，能够做到雅俗共赏，并且具有相当的形成难度，而作为抽象（意象）的表现，却很难引起普遍共鸣。当然，我们在肯定抽象（意象）石与具象石同样具有价值的时候，必须将抽象（意象）

1. 广西来宾石"梦回周口店"，神韵十足，比例和谐（高28cm，何卉藏）

2. 广西大湾画面石"反哺"，画面如同徐悲鸿笔下的喜鹊，十分生动，底座的配置也非常吸睛（座宽30cm，韦剑藏）

3. 广西摩尔石中的珍品"中国龙"，仿佛红山文化时期龙的造型，雕塑感极强，气场强大，气宇轩昂（宽166cm，黄云波藏）

1. 广西摩尔石名品"雄姿"，造型在似与不似之间，极富张力和活力（宽 240cm，李明华藏）

2. 台湾当代雕塑大师朱铭的"太极系列"雕塑，具有写意抽象特征，借鉴了奇石的表现特点

石的范围予以界定，不能把非具象石统统归类于抽象（意象）石。

从艺术起源上说，抽象（意象）艺术源于具象艺术，这需要赏石者具备相当的艺术涉猎和深厚的文化积淀。欣赏抽象艺术，往往需要像欣赏音乐一般的心态，也就是用心灵直接感受，倚赖直觉，无需辨识。比如对于梦，最使人不能忘怀甚至深受震撼的不是梦中发生的情节，而是梦的意境中所传达的气氛和情绪。你能够感受，但却不能言传。抽象艺术传达的就是气氛和情绪一类的体验，而不是形象或是主题。

与其他艺术形式相比较，观赏石（具象石）与对应的真实物像之间往往有一定的差异。也就是说，它很难像照相现实主义一样，能够惟妙惟肖地复制所表现的对象。所谓"画龙不点睛"，比如很多人物石，大多眉目不具，仅有外表轮廓而已，但人们并不觉得这是天大的遗憾，这在传统国画之中也有类似的表现手法。

严格来说，传统国画中并没有抽象的形式，只有抽象的元素。如工笔、写意手法，都是属于具象的表现手法的，只不过前者注重形似，而后者更注重神似。写意中又可分为大写意和小写意，前者比较概括，后者比较具体。小写意是通过相对（工笔）比较自由的方法表现对象的形态、特征，特点是真实、生动；大写意则带有很强的主观性，造型大胆、夸张，特点是具有很强的抒情性、创造性、趣味性。但是，中国画的大写意到了"似与不似之间"时就点到为止，并没有直接发展到"不似"的纯抽象形式。比如齐白石就指责"不似为欺世"。而抽象艺术的精髓就是"不似"，最后还是在20世纪初由俄国艺术家康定斯基予以奠基。所以说，现代抽象艺术起源于西方，如果要在观赏石"发现"抽象主题和题材的精品，需要更多地学习和借鉴西方现当代抽象艺术作品。

（三）意韵待表现

观赏石从发现自然（主题）到表现人文（演绎），其实就是一种发掘其意韵的"美的历程"。无论是古典赏石的瘦皱漏透，还是当代赏石的形质色纹，都是围绕形字做文章，不同的是，古代侧重于抽象审美，不去探究主题形象表现，当代偏重于形象审美，强调主题形象。虽然两者境界不同，但对于意韵的追求还是相通的，一言以蔽之，古典赏石追求的是"丑"，当代赏石讲究的是"美"，

内蒙古戈壁玛瑙组合"鱼乐"，三条热带鱼被置于圆环和水草之中，仿佛在鱼缸中游弋，好不自在（架高30cm，柳国兴藏）

其中还有一个共同点，那就是"奇"。奇可以表现为丑，也可以体现为美，这便是古今赏石的相通又是不同之处。

意韵的有无，是观赏石是否具有生命和灵魂的一种表征。意韵的发现和发掘，是精品观赏石生命和灵魂的一种提升，但要注意避免过度包装、无谓拔高、曲意溢美，需要具有一定的共识和共鸣。比如说，明明是普通的山水景观，却称其为"天下第一山"；看似简单的一个人物形象，却夸之为"观音大士"；画意平平的图纹石，誉之为"大千笔意"，等等。这些借助名人效应妄抬身价的做法，尤其需要慎之又慎，搞不好效果会适得其反。这其中，关键在于观赏石本身是否充分具备意韵，只有三分，就绝不能拔高为满分；如果有七八分，通过适当的"包装"或可以勉强达标。

就像是古典诗词创作中的诗眼，这是诗歌中最能开拓意旨和表现力最强的关键词句。观赏石的题名、配座、演示、赏析等人文表现手段，某种程度上讲就是要挖掘其"诗眼"，尤其是图纹石，须要充分发掘其诗情画意。所谓诗情，是指作诗的情绪、兴致，也指诗一般的美妙意境。诗词的特点是高度简洁凝练，语言具有高度个性化，经常通过比喻、通感、双关等表达语意，使人感到含蓄、朦胧、多义。所谓画意，是指绘画的意旨或意境，应该出意境、有神情。传统国画不讲究焦点透视，不强调物体的光色变化和外表的形似，而更强调抒发作者的主观情趣，是一种"表现"的艺术。对于图纹石精品的诗情画意，从宋代欧阳修、苏东坡等文坛领袖就已经开始发掘，也是图纹石精品需要具备的要素。

观赏石的意韵发掘，需要特别注意其题材的吉祥意涵、民俗意义和象征意味。

西方人一般喜欢直截了当地表达个人的愿望，而中国人则更多地将期盼含

形同古代仕女造型的新疆风凌石，与兰花画面的团扇配合在一起，相得益彰，清新脱俗（高 20cm，枕石斋藏）

1. 内蒙古沙漠漆"黄金叶"，俏色到位，叶谐音业，寓意大业（高 10cm，王亮藏）

2. 孔雀石"灵芝"，孔雀石中类似肌理十分少见（高 16cm，王太林藏）

3. 内蒙古戈壁石"平步青云"，如同皮靴，细节俱有，象形到位（宽 20cm，薛云生藏）

4. 雨花石名品"奔马"，酷似画家徐悲鸿的画意（高 4cm，文风藏）

蓄地表现在某一种具体的事物中，尤其是人们向往的福、禄、寿、喜、财等的祈求，通过象征、谐音、表意等方法，寓意于事物和艺术之中。所谓图必有意，纹必吉祥。比如博古图和岁朝清供所反映的，其实就是一种吉祥文化。所以博古图和"岁朝清供图"中的许多器物、玩好都有特定的象征（吉祥）意味，是一种形象化了的符号。比如，蝠和佛手表示"福"，鹿或香炉表示"禄"，松与蟠桃表示"寿"。"岁朝清供图"和博古图中最为常见的花瓶，虽然是作为插花之用，但其还寓有平安（瓶与平谐音）之意。由此还组合迭出，创意纷呈，如牡丹花插于瓶中，表示"富贵平安"；四时花卉分别插于瓶中，表示"四季平安"；一丛竹子插于瓶中，表示"竹报平安"；一支笙、三支戟插于瓶中，寓意"平升三级"……

　　至于石头（奇石），往往被视为"寿"的象征。传统吉祥纹饰图案中有关长寿的对应物件并不少，如松、鹤、龟、桃、绶带鸟、猫和蝶（耄耋），等等。从某种程度上说，奇石既是长寿的一种表意符号，也是从属于传统吉祥文化范畴的宝物。过去有许多与祝寿相关的图案纹饰，都有奇石的身影。比如群仙祝寿，通常是水仙花与奇石（太湖石）的组合。因此，观赏石所表现的对象是否具有吉祥意涵、民俗意义和象征意味，也是发掘观赏石意韵的一个重要方面。比如鞋子，传统民俗之中被赋予了吉祥意涵，鞋谐音邪、谐，单只鞋寓意避邪，一双鞋寓意和谐。鞋子还具有千里之行始于足下等意味。所以，它既是物质的，又是精神的，具有文化内涵。这是我们在发掘观赏石主题以及意韵的时候要特别留意的。

　　此外，凡是观赏石的表现主题与形式和古今中外著名艺术作品相似甚至是拷贝的，也是具有相当内涵韵味的，尤其值得重点关注。比如摩尔石的样式，与英国现代雕塑家亨利·摩尔的作品十分相似，乃至有的简直就是其拷贝或翻版，这就具备了独一无二的意韵。当代赏石被视作一种"发现的艺术"，发现什么？发现的就是观赏石所表现的主题，发现的就是大自然、人类社会以及虚拟世界的对应参照物，而这种发现是与时俱进、永不停歇的。摩尔石的发现和命名可谓典型一例。也就是说，我们有着超越古人的视野和想象，赏石作为一种发现的艺术，更多地带有了想象的乐趣和发现的快乐。反观古代赏石，更多地带有一种理性的思辨色彩，可称之为观念的艺术，这也是它当时仅限于文人士大夫圈子的原因。

二、命题

（一）画龙要点睛

如果将观赏石作为一个作品来看，那么，无论是展览，还是品鉴，都需要一个题名，也就是画龙点睛。

题名对于一件艺术作品来讲，是必不可少的，特别是对于有些文学作品来说，点题的准确或是优雅与否是具有决定性意义的，所谓题好文一半，就是指的这种情况。但对于观赏石来讲，毕竟不是人为艺术作品，常在意料之外，不在情理之中，有许多似是而非、混沌意象的石头，很难按照常理去取名。就如许多抽象类题材的当代艺术作品，常常用"无题"来点题。所谓此时无题胜有题，观者可以最大限度地展开想象的翅膀。但是，"无题"要移用到观赏石命题的时候须十分谨慎，不宜滥用，以避免为那些莫名其妙的石头找台阶。

题名的恰到好处，可以有画龙点睛、点石成金的作用。它可以引导观赏者的聚焦点和想象力，直接影响观赏者的思维定势，无形之中会提高奇石的艺术感染力。好的题名往往也是需要"两句三年得，一吟双泪流"的反复推敲之苦。比如上海已故雨花石藏家杜宝君女士有一块雨花石，通体鲜红圆润，毫无杂色，人见人爱，最初名之为"红玉"，似乎有点直白；后来改名为"赤璧"，意思虽然相近，但有点雅致了；又后来改名为"丹砂逊赤"，令人想见其丰彩，其感染力与名俱进。最后，取法和氏璧正式命名为"杜氏璧"，视其为镇馆之宝，完成了题名的一次涅槃。

题名可以说是对感性思维的一种理性升华，是由赏石升格为品石的必然门径。观赏石的题名，是人与石的对话，是思维与天籁的交流，是人们赞美自然的方式和尝试。从方式上说，它可以是一篇散文、一首诗，更多的则是三言两语、

1

2

3

1. 内蒙古戈壁小品组合"谋天下"，看似刘、关、张，格局不一般（底板宽 35cm，陈龙二作）

2. 广西摩尔石"无题"，主题似与不似，颇似摩尔雕塑作品（高 150cm，黄云波藏）

3. 内蒙古沙漠漆，一石多名："丑角""济公""说唱俑"，你看像什么？（高 18cm，枕石斋藏）

片言只语；从尝试上讲，因为每个人的文化修养、审美情趣、观赏视角的差异，自然而然会出现、也允许出现各种不同的声音和见解。这也说明奇石之美是富于变幻而非定型。也有人主张奇石之美是只可意会、不可言传的，反对为观赏石题名。这也可分两种情况，一种是不懂得如何欣赏自然美，尤其是那些比较抽象的奇石，都说不出个究竟来；一种是虽有慧眼和才情，有时候也会无法一言点破，正如东晋诗人陶渊明诗中所说的："此中有真意，欲辨已忘言。"不知与知，二者虽然境界迥异，却同样表现出"无言"之状。宋代诗人陆游，有一首题为"渔翁"的诗，就道出了渔翁与诗人二者面对山川之美而同样莫可奈何的无言境界："江头渔翁结茅庐，青山当门画不如。江烟淡淡雨疏疏，老翁破浪行捕鱼。恨渠生来不读书，江山如此一句无。我亦衰迟惭笔力，共对江山三叹息。"

题名应尽量做到名与实符，闻其名而如见其石，见其石而益赞其名，切忌牵强附会或是过分溢美，明明是普普通通的山峦景观，却把它说成是天下第一江山。比如，人物象形石最忌就是草率点题，牵强附会，将一些雅俗共赏的尊者、长者作为取名对象，特别是涉及一些特定著名（政治）人物的象形石，尤须慎重对待，决不能以一己之见而轻率点题自抬身价，要多方论证，否则只会是贻笑大方，给人以亵渎神灵的不良感受。与其露乖，不如藏拙。如一块形似鲁迅的造型石，可以题名为"一代文豪"；一方如同伟人的造型石，可以命之为"领袖风采"。有的奇石（多以抽象石类为主）偶尔也允许题目付之阙如，如有的"禅石"可以用"无题"名之。对于抽象类奇石的点题，其实比起其他形象类的奇石来讲难度要大得多（决不是名之为"无题"那么简单），从某种程度上讲，其重要性或者说鉴评的权重要远远高于一般象形石的命名，往往需要一种发散性和天马行空般的思维。因为相对于象形石，人们对于抽象石的认知程度要低得多，这需要发现者（命题者）对于古今中外的艺术流派——特别是当代艺术有一个全局的掌握和大体的了解，在这里，恰如其分的点题是一种有效的引导和指示，会给人以茅塞顿开的新感觉。

题名要抓住观赏石的主要特征，本身也要强调独特性，切忌千篇一律，人云亦云。特别是要注意到观赏石之美往往介于"似与不似"之间，具有变幻性，故题名要给观赏者留有一定想象的余地，如同古诗创作"忌直贵曲"一样，要有引人入胜的导向性，点到为止，不宜直截了当，有时可以取逆向思维。如一

广西大湾石"十里长亭",题名渲染了一种离愁别绪的气氛,与画面结合堪称完美(宽15cm,吴金恬藏)

1. 内蒙古红碧玉"闻风",看似一头刚刚惊醒的猛兽,像狮像虎,正竖耳回首,聆听动静(宽15cm,沈树业藏)

2. 台湾毛发石"发如雪",如此全部覆盖毛发,且生长有序的毛发石极为少见(宽32cm,陈金柱藏)

3. 内蒙古戈壁石、新疆泥石组合"山居",题诗渲染了一种氛围:"山居绝红尘,斋戒无扰纷。品茗嘘天寒,闲坐见松贞。"(底板宽24cm,枕石斋作)

块似豹似虎、昂首长啸的奇石，可以取名为"八面威风"，不具体点破其是豹是虎，让观者自己去体会。又如一块木化石，外表完整地保留了许多原木痕迹，如树皮、节疤、蛀孔等，简单地名之为"枯木老树"之类也未尝不可，如果名之为"岁月留痕"，不是更能使人产生丰富联想吗？

观赏石作为一种艺术品样式，许多优秀作品蕴含着无穷的诗情画意、文化内涵，需要我们去品味，去题咏，从而赋予顽石以灵性，这才成其为完整意义的赏玩品。不少观赏石的主题似是而非，或是隐晦不显，特别是有些具有诗情画意或是意境神韵的主题，如果不给予恰到好处的品题，往往会减分不少，这尤其需要观赏者一定的文学艺术修养。写作文章有"题好文一半"之说，其实有的观赏石的破题，也有类似的效果。这也是所谓观赏石是一种发现的艺术的真谛。而具有诗情画意的观赏石，无疑具备了类似书画雕塑艺术品的潜质。题名实际是一种对于观赏石表现主题的诗意挖掘，主题（重要性或者意义）的不同，其价值往往判若云泥。

有时候，简单的一个题名往往难以包含作品的内涵（特别是小品组合石），需要赋诗题句予以深化主题。如一组内蒙古戈壁石、新疆泥石组合"山居"，描绘的是两位老者在品茗嘘寒的场景，创作者为此赋诗一首："山居绝红尘，斋戒无扰纷。品茗嘘天寒，闲坐见松贞。"这便有了一种情意和诗境。其实，很多观赏石精品，其形态、图纹、意韵具有诗性和诗境，往往需要通过诗句点题才能充分揭示和展现其内涵之美，这需要发现者（包括创作者）具有古典文学的根底，这也是古代赏石大家都是著名文人的主要原因。诗词品题，要言之有物，言之有情，咏之有味，咏之有韵，就像古代诗体中的古风一样，不必像近体诗一样拘泥于平仄、格律、对仗，押韵较宽，篇幅长短不限，包括四言、五言、六言、七言体和杂言体。

（二）诗情求画意

关于观赏石（特别是图纹石）的诗情画意的命题和发掘，历史上有两位著名文人士大夫不可不提，其影响延续至今。

一位是明代后期书画家米万钟（1570—1628）。米万钟字仲诏、子愿，号友石、文石居士、研山山长、石隐庵居士等，为米芾后裔。官至太仆寺少卿，江西按察使等职。他有好石之癖，富于收藏，其字与号多与赏石有关。万历三十六年（1608）从四川铜梁改官南京六合知县，被当地灵岩山所产的灵岩石（即雨花石，又称六合石）深深吸引住了，不惜重金广为搜求，以至当时在六合掀起了空前的雨花石热。不但如此，他还以唐诗宋词名句命名雨花石珍品，经他品题的雨花石如"平章宅里一阑花"、"雨中春树万人家"、"桃化流水杳然去"等，极富诗情画意。这种引用古典诗句品石的做法富有开创性，为后世所效仿，也成为如今观赏石品题的一种主流形式。据记载，米万钟当年在六合时收藏有十五枚绝佳的雨花石，分别题以"万斛珠玑"、"苍松白石"、"庐山瀑布"、"藻荇纵横"等美名，令人想见其风采。

另一位是清代后期重臣阮元（1764—1849）。阮元字伯元，号芸台，又号雷塘庵主、琅嬛仙馆、九十九砚斋、怡性老人等。历任浙江学政、江西巡抚、两广总督、云贵总督、体仁阁大学士等要职，谥号"文达"。阮元为三朝阁老，九省疆臣，学问渊博，著述宏富，研究领域广泛，均有很高造诣。值得一提的是，阮元工诗文、善书画、精鉴赏、富收藏，传世有许多墨迹、文玩。他在任云贵总督时，有机会多次到云南点苍山考察，为云石的诗情画意所折服，大量收购、制作、品题云石画屏，流气所及，影响深远。他可以说是历史上对大理石的诗情画意发掘最深、题识最多、藏品最富、名气最大的一位，也是大理石收藏鉴赏历史上最浓墨重彩的一笔。尤其是阮元仿效书画题款的方式为大理石屏品题镌记，为后世所效仿，一直流传至今，其影响至深且巨。他径自将大理石称作为"石画"，《石画记序》提到："余择其得古人诗画之意者，不假思索，随手拈出，口授指画，各与题识，付兰坡暨侄荫曾，或镌或记，半不忆为谁之石。否则各石虽有造化之巧，若无品题，犹未凿破混沌。"强调大理石画需要品题镌记，点名主题，才能真正体现其价值。这与传统书画的题识有异曲同工之妙。吴荣光在《石画记序》曾记载阮元"取石之方圆长横而裁成之，每幅拈出古画家笔法而证以古诗人之诗"。传世至今的旧云石屏，一般在露白处大都有题款刻铭，这从阮元以后便成为了一种传统。不过，关于新石屏是否也需要题写刻款应该谨慎一点，特别是有些拙劣的书法或是不恰当的题铭，令人看后会觉大煞风景。

关于观赏石取法诗情的题名，实际上就是讲究典雅，讲究文彩。当然，也并不是一定要直接套用古诗词名句，但题名应该尽量体现出诗情画意来，使作

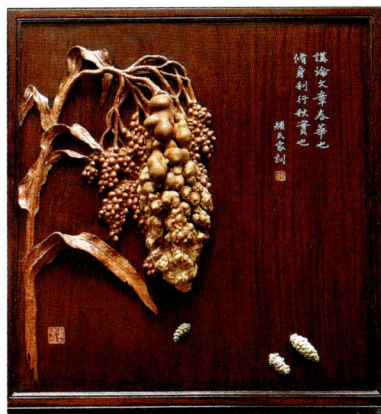

1

2

3

1. 雨花石"钟阜晴云"，色彩和谐，反差强烈，构图严谨，仿佛画本（宽 5cm，骆嘉刚藏）

2. 内蒙古戈壁石组合"春华秋实"，仿效国画样式，配合以画屏形式，题以诗句，颇有创意（框宽 35cm，赵德奇藏）

3. 清代云石挂屏，上面有名人刻铭（宽 45cm，佳德藏）

内蒙古戈壁石"琵琶女"，配以同主题国画展示，相得益彰（高 19cm，胡惠光藏）

为无言的诗、立体的画的奇石得到最美好的诠释。如有一组四枚反映四季景色的雨花石组石，分别根据其呈象所反映出的不同景象，取名为"春水堪染"、"夏日荫浓"、"秋山空远"、"冬雪寒林"，可谓十分贴切。除此之外，明代文人毕成濂主张对雨花石"题以清名而贵之"，也值得推广。所谓"清名"，无非是指不华藻、不玄奥、不俗气，要隽永、含蓄、高雅，做到雅俗共赏。太文雅了，如引用一些较为生僻的典故诗词之类，一般人不易接受认同，而且有卖弄玄虚之嫌；太浅俗了，如套用一些通俗的俚语、俗语之类，又似乎显得品位不高，缺少修养。要做到俗而不谑，雅而不俗。

题名以简洁为好，琅琅上口，容易记住。有些种类的奇石有其传统的题名方式，需要区别对待。如以太湖石为代表的园林立峰，由于历来多被视为山峰之缩影，常取双名加峰字，如南京瞻园的仙人峰、苏州留园的冠云峰等；也有不取名峰者，一般也是三字，如上海豫园的玉玲珑、北京中国园林博物馆的青莲朵等。云石屏，因其形式和内容大多与山水画如出一辙，传统上也仿效国画的题名，多取四字，如湖山夕照、黄山云海之类。

题名一般不宜直接书写或是铭刻于石上——如果是古代赏石，则应该保留其刻铭，因为这是先人的遗泽，如果是名家刻款则更具文物价值。有时候赏石精品也可以配合具有主题命名的书法或绘画作品一同陈列，一石一书画，也会起到画龙点睛的观赏效果。

三、配座

（一）配座如裱画

在当今赏石界，关于奇石是否艺术品的争论曾经不绝于耳。实际上，这里面涉及奇石被"发现"以后所处的背景和语境有无发生根本的变化。美国已故雕塑家、中国"文人石"收藏家理查德·罗森布鲁姆（Richard Rosenblum，1940—2000）说得好："木座是一个戏剧化的装置，它实际上使石头成为了艺术品。离开了木座，你会感觉石头与艺术是如此的不相像。"

观赏石的配座，好比是书画之有托裱，是作品完美与否的一个重要标志。配座除了稳固奇石的基本功能之外，还有着掩盖缺陷、凸显主题的功能。有些观赏石的小小缺陷，往往可以通过恰到好处的配座予以弥补；更多观赏石的不同凡响之处，恰恰是配座予以奠定。从观赏的角度来看，观赏石的配座得体协调与否，也是评价观赏石优劣的不可或缺的要素。由此可见，底座对于奇石的重要意义不言而喻。即使在今天举办的石展评奖中，包括《观赏石鉴评》标准中，底座的权重始终占有一席之地。底座的合适、协调与否，已经越来越和观赏石本身一起作为一个整体而不可分割。在国内很多赏石文化较为活跃发达的地方，为奇石配座，已经成为了一个初具规模的产业。仅在上海一地，奇石配座作坊就不下近百家。奇石和底座的完美结合，可以使得其最后的观赏效果远远达到 $1+1>2$ 的程度。重视底座其实便是尊重奇石，使之从大自然的自在之物变成了有意味的东西。

赏石尽管在宋代开始已经奠定了其独立的地位，但对于座架的讲究还是在明代以后。宋代赏石有"盆石"、"盆山"之说，一方面当时赏石的摆设还没有完全脱离盆景的影响，其供置形式主要是盆（石质或者陶瓷），另一方面有的

1

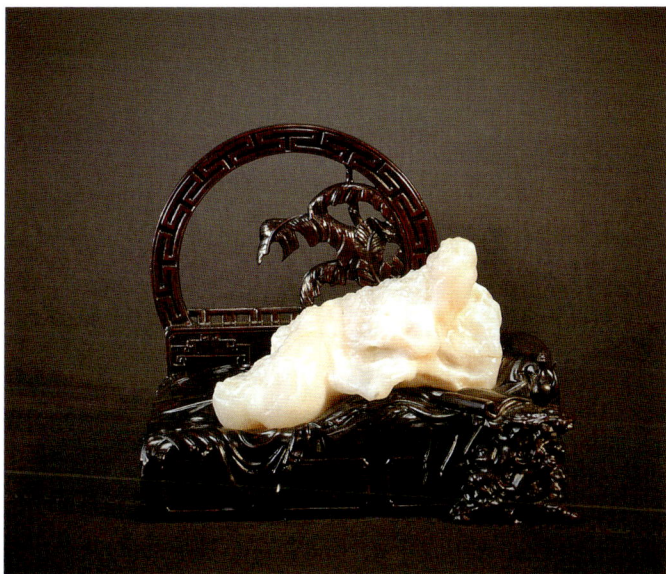

2

1. 美国已故"文人石"收藏家罗森布鲁姆收藏的古代灵璧石名品"坐虎"，神韵十足，配座到位（高48cm，高琦摄）

2. 内蒙古戈壁大滩玛瑙"夜读红楼"，石头形神俱佳，底座设计有美人靠、纱窗、芭蕉等元素，相得益彰，堪称完美（宽20cm，郑文藏）

天然稳底的赏石（比如"研山"）和手中把玩的奇石（有称"袖石"者）也无需盆座。如宋代诗人刘颁有《盆山》一诗："青泉盈池底白石，中有高山高不极。连峰绝壑知几许，朝霏暝烟无定色。山下清波清浅流，鱼龙浩荡芥为舟。今君欲渡何由得，纵有神仙君不识。"王安石也有《留题曲亲盆山》诗："根连沧海蓬莱阔，势压黄河砥柱孤。坐上烟岚生紫翠，影中楼阁见青朱。"曾巩在《盆池》一诗中，则有"能供水石三秋兴，不负江湖万里心"之句。至今在日本、韩国等地的景观石（日本称之为"水石"）供置，还流行水盆的形式，盆中或置砂或盛水，一方面起到固定石头的作用，另一方面也是寓意大自然的沙漠和河海，这其实就是受到宋代"盆石"的影响。日本水石的水盘与木座几乎各占一半。水盘主要是浅身陶盆、紫砂盆或石盆，韩国还盛行用青铜所制铜盆。一般是长方形或椭圆形，盘底最好覆盖一层白色或黄色的碎砂（并非海滩或是沙漠的沙子，而是将碎石研磨成的砂粒，比较有质感和表现力），视情况可以喷洒适量的水，给人以瀚海或湖海的感觉，另一方面也便于平稳地安置赏石。

水盘较适宜置放卵石或是卧式山石，观赏石底部应有较大的接触面。观赏石占据水盘的面积不宜过大，要留有相当宽舒的空间，并注意其布局效果。观赏石一般不宜置放于水盘的正中央，可根据黄金分割原理来摆放，这样能够获得较好的视觉效果。

相对而言，传统木制底座往往具有束缚感，限制了赏石的表现空间，而水盆的形式更具有延伸感和想象空间，特别是对于景观类的赏石，大大增加了其表现空间和存在感。当然，水盘对于赏石来说还是有其局限性的，一方面它对于奇石本身的造型有一定的要求，不是任何奇石都能"放之四海而皆准"的。比如对于岛礁型、远山型等卧式景观石比较适合用水盆，而象形石、图纹石、意象石等并不适合用水盆。而且，千篇一律毫无个性的水盆，与充满个性的奇石搭配组合，往往无法让人认同其整体感和艺术性，并且容易使人产生审美疲劳。

相比之下，木制座架往往是量身定做，是极有个性化的作品，不但落榫各不相同，而且其雕饰往往需要根据奇石的主题予以配合，有的构思奇巧、制作精良的木座本身就是一件艺术作品。也就是说，一石可以配多座，一座却不能配多石，这与可以批量制作的水盆（工艺品）显然不能同日而语。当然，木座的样式也有程式化的一面，这在明清两代就有"苏作"（指苏州）、"鲁作"（指山东）和"粤作"（指广东）等地域风格之别，其中无疑"苏作"影响最大，

新疆风凌石"先哲"，底座取法现代雕塑座样式，简约而不简单（石高 20cm，夏国藏）

1. 内蒙古沙漠漆"佳藕"，底座仿效清代乾隆年间宫廷文玩底座，巧工细作，彰显石头珍贵（宽 18cm，陈鸿滨藏）

2. 清代英石，底座为典型的清代苏作树瘿纹小高脚座（高 24cm，周易杉藏）

3. 内蒙古戈壁石"狮子"，海派底座的一个特点就是量身定做，切合主题，一只绣球成为了亮点（高 20cm，薛云生藏）

如今大行其道的"海派底座"（指上海）最初也是崇尚"苏作"，但是能够融会贯通，推陈出新。随着海内外赏石界的日益广泛交流，目前各地底座的风格逐渐趋向融合，地域色彩越来越淡化，但大致仍脱离不了以线条简洁见长的明式、以雕饰繁复见长的清式，以及取法现代雕塑底座的新式风格等样式。其中，就像奇石一样，越有个性的底座越会让人过目不忘。当然，其中也有一个度的把握问题。就是说，底座（尤其是对于单品石）是绿叶，奇石是红花，原则上只能相得益彰，而不能喧宾夺主。

（二）木座是主流

木制底座是观赏石的主流，其大致发端于明代早期。木座是随着明代家具业的兴盛，特别是海外优质硬木原料如黄花梨、紫檀等的引入而开始制作的，之前没有这方面的记载或是实证。明代从海外引进优质木材，一般认为有两个时期，一个是永乐年间的郑和下西洋，一个是隆庆年间的重开"海禁"。到了万历年间，有关图绘善本涉及赏石配座的形象记载开始层出不穷。

就像明清家具一样，木座的形式和风格也有时代的分野，明式底座的简约和清式底座的繁复，各逞其美，成为目前赏石底座的主流。明代家具以造型简练、结构严谨、装饰适度、纹理优美特点取胜。明式底座刚柔相济，以线条取胜，挺而不僵，柔而不弱，表现出简练、质朴、典雅、大方之美。即使有局部装饰，也决不贪多堆砌、曲意雕琢，而是恰如其分、适宜得体。清代家具以造型浑厚、追求奇巧、做工细致、注重装饰取胜。清式底座装饰手法多样，多见雕刻、镶嵌和描绘，雕刻刀工细腻入微，以透雕最为常用，装饰样式主要有水浪纹、云纹、灵芝纹、树瘿（疙瘩）纹、回纹等。此外，像大理石之类的图纹石，一般是镶嵌在硬木插屏或挂屏中观赏的，这也是仿效国画的装裱形式。在艺术品拍卖市场，古代大理石屏都被归类于家具类。

观赏石底座制作，其工序与家具大体一致，但也有其独到之处，大体可分为设计、选料、开料、落榫、定型、雕刻、打磨、油漆、晾干等。其中设计是第一位的，是先导，是方向，是创作灵魂。尤其是小品组合石，设计的重要性往往是决定性的。落榫是根据石头底部凹凸不平的轮廓开槽抠底，使石头的重

1. 日本那智黑石"蓬莱仙山"，底座为明式，完全以线条取胜，浅口薄身，几处底足也处理得十分精心（宽35cm，杜海鸥藏）

2. 福建九龙璧"五岳之尊"，底座为树根座，过渡自然（高120cm，王金水藏）

3. 英石"横云"，底座为清式，小高脚，拐腿，上半部雕饰为树瘿纹，极具匠心（高35cm，柳国兴藏）

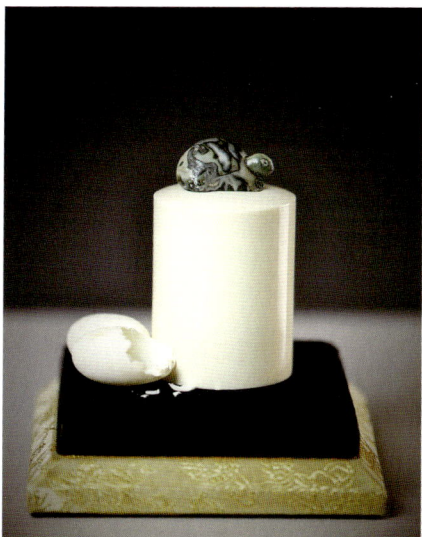

1. 江西潦河石"半窗晴翠"，取国画立轴的装裱形式供置，颇有新意（高30cm，王志刚藏）
2. 内蒙古戈壁玛瑙"龟宝宝"，底座系用象牙雕琢而成，彰显其不凡身价。残损蛋壳系乌龟蛋壳（石宽5cm，徐燕武藏）

心能够平稳地嵌坐于木座内。抠底时要有一定的深度，而且轮廓线要与奇石底部相吻合，最好是密不透风，以奇石嵌入底座后不能摇动为原则。如果考虑到由于气候干燥硬木容易收缩的因素，可以适当留一些空隙。奇石嵌入木座不宜过深，也不宜采取胶合的方法。奇石落榫也是最难的，是不同于其他家具座架制作的地方。这不但需要选取最佳角度，而且落榫的点和面的处理、底座三围比例的把握，分寸极其微妙，往往过犹不及。比如，云头雨脚的立式山子多是采取上大下小倒置式，取其突兀险峻的特点，底座面积过大，则无疑将这种特点抵销掉了。

做座要选用好木料，最好是硬木。木料的好坏与其密度高下、糯性好坏密切相关，也与干燥处理程度好坏有关。木材粗松的，往往容易变形开裂，也不易起包浆。比较适合的硬木有：花梨木、鸡翅木、料方较大、较适合做大座；酸枝木、紫檀、乌木等，适合做中小型座；做微小型底座最好用好料，至少是酸枝木，包括老红木等，因为小石头适宜手中把玩，底座木料用好料，更容易盘玩出包浆。而粗质木材无望有此佳趣矣。

底座除了木材之外，也可以选择其他材质，如树根、象牙等。欧美国家还采用一种树脂材料制作底座。其实，材质的不同，往往会引发底座制作思路和形式的不同。比如，按照美术馆陈列的雕塑类作品底座样式，往往不讲究底座的材质和工艺，以最为简单的造型和线条取胜，一般都是用复合板材加工制作，没有多少技术含量。但这种样式移作奇石底座时，一般也只能适用于与现代雕塑形式相似的造型石，尤其是抽象类的，如摩尔石，并非任何奇石都有类似效果。最好是取其样式，灵活变通。

（三）创意更添美

一般来说，按照明式或是清式家具样式配置的底座，尽管其中也有千变万化，但万变不离其宗，其材质都是木材，其样式和纹饰都来源于古典家具，所以都可算是传统类型。而突破传统家具底座样式影响，不拘一格地大胆借鉴其他艺术门类乃至其他材质而制作的底座，可以称作为创意底座。创意底座往往是为那些造型比较另类、演示需要讲究，或者是精品奇石所量身定制的，它的创作，往往不拘一格，不按常理，想象大胆，但却能出奇制胜，吸引眼球。这更多地表现于小品石的创作上。如一方造型如同春蚕的奇石，底托可以呈一片桑叶状；一块类似火腿的小型奇石，如果将它悬挂在半空中，有险中出奇的观赏效果……诸如此类，不胜枚举。

与创意底座相似的，是现成品移用为底座。这也可以分两种情况。一种是完全突破木制底座设榫定制的常规做法，移用其他材质现成品。比如，食物类的象形石，要突出其秀色可餐的特点，可以采用瓷质餐具，既经济又合理，也美观大方。有的食物类象形石非常具象，放在餐具中往往会被误解为真实物，达到了以假乱真的效果。小品组合石流行的"奇石宴"便是典型一例。所谓陶盆、瓷板等水盘演示，其实也是移用现成品。一种是沿用木制底座，但也是借用现成品，如玉雕作品展示的架座、古典家具的小品几架等，这类应用对于奇石也有要求，那就是底部必须大体是平整稳定的，无须挖榫稳底，实际上往往与置景合二为一。此外，现存品可以移用作石座，其实有的赏石也可以移用作底座，包括衬板之类。

观赏石的配座，还可以适当点缀一些微型摆件，这也是借鉴了山水盆景的配置方法。这些微型摆件主要是陶瓷或石雕的人物、动物、亭台、舟船之类东西。

1

2

3

1. 内蒙古戈壁石组合"五福捧寿"，五方形同蝙蝠的内蒙古戈壁石，被置于刻有图寿字样的红木盘中，取法古代吉祥图案中的五福捧寿样式，极有视觉冲击力（直径28cm，陈幼平藏）

2. 两方看似伴侣的内蒙古戈壁俏色玛瑙，被置于如同舟船的胡杨木上，所谓苦海无边，红尘有伴（宽22cm，枕石斋作）

3. 内蒙古戈壁石组合"美味佳肴"，酷似红烧鸡爪和鱼块的戈壁石，被置于瓷盘之中，美色可餐（盘宽25cm，王刚藏）

造型类似蒲团的贵州龟纹石，可以移用作为禅僧瓷塑的底座（宽 9cm，枕石斋藏）

1

2

1. 广西大湾石"洞天福地"，一处洞天尽头，摆放了一个石雕人物，比例恰当，引人入胜（底座宽 25cm，梁福伟藏）

2. 一石一座一架，欧洲水石的经典布局（宽40cm，威廉·本茨藏）

需要说明的是，并非所有的赏石都需要用微型摆设来点缀，这类点缀主要适宜于水盘配置的赏石，一些造型变化小且有一定平面空间的景观石（如平台型），也可以点缀这种微型摆设，使平淡之中增加变化之趣，增强观赏效果。配置这类摆设首先要注意以少胜多，恰到好处。其次要注意摆件大小与赏石本身大小的比例关系，两者大小比例差距越大越好，以摆件的渺小来衬托赏石的壮伟，观赏者犹如置身于大自然的真山水一般。这也是配置微型摆设的好处之一。再者，就是注意这类摆设的位置，有的可以放在赏石的平坦之处（注意不要胶粘），有的可以置放于底盘白砂之中，最终目的是要达到自然景观与人文景观融为一体的观赏效果。另外，有时候为了点题的需要，也可以破例搞一些小花样，烘托主题氛围。如一方形同粮仓的奇石，在其下部贴上一个红色"丰"字，便一下子烘托出了气氛。

　　另外，一些较为珍贵的小型赏石，除了配置木座以外，还可定做木盒、锦匣贮放。事实上，不少古石（包括日本回流的）都有原配盒匣，至今保存完好无恙。同样，赏石配座以后在展示的时候，也可以视情况配置衬板、几架、博古架。一般来说，一石一座一（板）架独立展示，能够将赏石的气场最大限度地生发开来。

四、组合

（一）组合是创作

所谓组合石，狭义来说，是指两块以上奇石搭配组合，形成一个整体和主题演示。广义来说，包括单品奇石经过与其他器物道具共同演绎形成一个主体和主题。

单品奇石经过配座之后，一般都是置于案几或是桌台乃至平面进行展示，如果奇石本身主题鲜明、配座到位、题名正确，最多加上灯光的布置和环境的烘托，基本就是成功的一个作品了。如果要进一步推敲的话，有的奇石可能需要有更大的平台或是更好的配饰，才能彰显其不凡的价值，特别是在演绎一些带有故事性情景和场景的主题时。如米芾拜石，单有表现米芾主题的奇石还远远不够，需要有一方瘦皱漏透的古典赏石相配合，遥相呼应，才能演绎好这个主题。此外，有的单品奇石本身的表现力会有意犹未尽或是力有不逮之处的时候，也需要其他奇石或是道具搭配演绎。如一块像佛龛一样的奇石，如果在龛中置放一尊佛像，其表现力和指向性会更强烈一些。

如果说，单品奇石是做减法，是排除了任何附属品的话——除了底座之外，那么组合奇石便是做加法，是附加了一些深化主题演绎的石头和道具。

组合石其实古已有之。如清代广东地区，流行有一种"祖孙岩"的组合形式，往往是一大一小、一高一低两块奇石组合在一起，遥相呼应，带有尊老爱幼寓意。再如，古典园林中的重要置石，往往会有副石相陪衬，如上海豫园太湖石玉玲珑，主石左右各有一方副石相陪衬。在古典园林的一些厅堂斋室的供桌或是案几上，往往会有供石与瓷瓶左右排列，缺一不可，大体是寓意长寿平安。在一些博古或是岁朝清供的图案画面之中，奇石往往会与其他物件相配合，其本身由于年

1

2

1. 广西人化石与内蒙古戈壁石组合"半苫拜石"，人物的神态是否出彩尤为重要（宽30cm，枕石斋藏）
2. 内蒙古戈壁玛瑙和广西大湾石组合"阿弥陀佛"，佛龛中置一小佛像，主题更加明确（高12cm，枕石斋藏）

1. 上海豫园太湖石"玉玲珑",主石左右有两方副石相配合(高350cm)

2. 清代瓷瓶和供石的组合,是一种混搭,寓意平安长寿(桌宽20cm,枕石斋藏)

3. 广西来宾卷纹石组合"山水清音",三方带有瀑布纹的卷纹石相组合,构成一曲大合唱(博古架高45cm,枕石斋藏)

两方形似蝉儿的灵璧石，一方景观内蒙古沙漠漆，配合以胡杨等素材，演绎了唐代诗人骆宾王的名句："居高声自远"（宽35cm，赵德奇藏）

代久远、历劫不朽被赋予长寿之寓意，与水仙搭配就是仙寿恒昌，与牡丹搭配就是富贵长寿，奇石成为了不可或缺的重要素材。

组合石最初都是简单地讲究相同石种、相似尺寸、相应主题、相当造型（纹理），亦称组石。改革开放之后当代赏石活动复兴以来，组合石最早多见于图纹石小品，如已故宜昌奇石收藏家来层林1980年代的三峡石组合作品"中华奇石"四方文字组合石影响广泛，其他如十二生肖、四季风光等，均成为了图纹小品石常见的组合主题。

相比较单品石以及简单的组石而言，组合石更需要一种发散性思维和艺术化创作，需要借鉴和运用艺术创作的原理和技法，融会贯通，别开生面，这也使得观赏石作为一种艺术品成为了可能。尤其是在经历了相同石种的组合，再到不同石种的组合，发展到奇石和其他材质器物的混搭组合之后，奇石组合的表现力越来越强，覆盖面越来越广，创作点越来越多，个性化越来越强，进入到了一个创意迭出、精品层出的新时期。

（二）小品更常见

　　观赏石组合，最常见的就是小品石组合。从某种程度上讲，小品石组合几乎成了奇石组合的代名词。这是因为，所谓小品石，由于体量过小（一般最大尺寸小于20厘米）的原因，在展示、展览的时候往往不够显眼，效果不佳，而组合则具有放大延伸扩展的作用，使得小品石能够在更大的空间和场景得到展示并达到最佳效果。另外，小品石往往可以在不同主题、不同场景、不同组合中灵活搭配，一石多用，这也迥然不同于一般标准石的固定配座。

　　小品组合石，具有想象空间大、发掘程度深、主观能动强、自由搭配易、主题表现多等特点，可以不拘一格，不受约束，自由混搭，完全是一种艺术再创作。关于小品组合石的表现手法，因为往往多是附加了一些不同材质的道具或是器物，常常会有喧宾夺主的诘难。其实不但是小品组合石，即使是奇石配座有时候也会有喧宾夺主、过度包装的责难。在这里，奇石似乎永远是"主"，其他的外在辅助的表现手段应该是"宾"。但事实上这种主宾之间的比例分寸很难拿捏住，特别是当"表现"成为审美主体的自觉行动的时候，当结果重于过程和手段的时候，也许主宾之间的关系会互相颠覆。这里，牵涉到一个命题：小品组合石创作是否有底限？小品组合石究竟是姓"石"还是姓"艺"？如果是前者，那么最多只能是以组石的形式来出现（奇石宴是一种典型题材），除了配座（盆架），不允许有其他材质的道具相配合，人的主观能动作用极其有限；如果是后者，显然石头只是一种（主要）道具，其他材质的也是道具，它们都是为表现主题服务的，没有截然分明的主宾之分。在这里，作品所要表现的主题（尤其是带有场景性的）才是"主"，其他都是"宾"，包括奇石本身。由此看来，小品组合石显然更属"艺"。这是它成为一件具有感染力的艺术作品的属性所在。

　　成功的小品组合石，出彩的往往还不仅仅是奇石本身（奇石可能是点睛之笔），而是创作者的想法和创意，这其中也包括了其他道具和材质的选用。因为尽管"万象皆从石中出"（宋欧阳修），但奇石在表现许多题材对象的时候常常有很大的局限性或者说是缺憾，特别是在创作有关典故、事件主题的时候往往会显得捉襟见肘，如果拘泥于纯粹简单的奇石组合，不借助于其他道具、

1. 四川长江石、内蒙古戈壁石和书籍混搭组合"战争与和平",富有创意（架宽65cm,赵德奇藏）
2. 内蒙古戈壁石小品组合长卷"逐梦桃花源",七组景观人物小品石组合既独立成景,又组合入画,气势不凡（宽300cm,倪国强藏）

材质的配合"混搭",其表现效果往往差强人意,难以达到最佳的艺术表现效果。这里,创作者考虑的显然是最佳的艺术效果,而不是最难的表现效果。好比是鱼与熊掌不可兼得,舍"鱼"（难度）而取"熊掌"（美感）也。这是对于奇石是"发现的艺术"观念的颠覆,更像是一种"表现的艺术"。

　　所谓创意无限,创意无价,小品组合石创作是人们面对天工之作（无论是完美抑或缺憾）无可奈何之余的一种突破,一种比美,一种创新。这里,突破的是观赏石配座思维的窠臼,比美的是上帝之手的杰作,创新的是对于奇石是"发现的艺术"观念的颠覆。故此,小品组合石并不仅仅属于"石",显然更属于"艺"。这是它成为一件具有感染力的作品的属性所在。小品组合并不仅仅是石头和各种元素之间的简单拼凑,特别是一些精品带有创作者强烈的个人色彩和创意因子,从而个性更突出,创作空间更大。

（三）题材很讲究

值得提出的是，小品组合石的异军突起，虽然是对于传统赏石定式的一种突破和创新，但无论其如何求新求异求变，还是离不开传统文化的滋养和熏陶，还是遵从或是取法了传统（诗词书画）艺术创作的灵感、规律和模式。这是因为从古至今，我们都是把奇石作为一种艺术样式来看待的。目前赏石艺术已经成为了国家级的非物质文化遗产项目，并将其归类于传统美术类别。

小品石组合的创作，有一些规律可循。就像公文写作一样，一般都是主题先行。当确定了一方或者几方表现某一主题作品的奇石时，首先是确认要否单独配座。与单品奇石独立配座不同，组合奇石有的（特别是底部平整的）不需要单独配座，而是置放于一个较大的空间平台上，至于落榫与否并不强求一律，有的只需要稳定地坐立于衬板（可以是木板，也可以是天然奇石、沙盘，甚至可以简单到一张竹帘）上即可。除了主题特征的奇石之外，还要考虑是否需要有衬景道具，如果这种道具在石头里面不好找，或是表现力不够的话，可以考虑以现成的其他材质器物取代之。当然，以其他材质现成品作为组合道具的时候，需要充分考虑与奇石搭配是否必要，是否和谐。

小品组合石所表现的主题虽然众多，但大致还是以传统诗文绘画经常所表现的题材为主，以吉祥向善、成语典故、诗词锦句、名著传说等居多，特别是一些经典的历史故事，如前面提到的兰亭雅集。虽然其他艺术门类也经常表现这类经典题材，但主要都是体现工艺之美、技法之美，而作为天然奇石来表现，其难度大大地增加了，但表现效果很多时候丝毫不减工艺之美，有的还是独一无二、无与伦比的。如米芾拜石这个题材，以奇石来表现米芾所拜之石，可谓实实在在，最为切题，任何其他艺术门类都难以达到如此自然逼真传神的程度。又如，在表现山川景观壮美奇丽的时候，奇石组合无疑也是最佳表现手段，因为奇石往往与大自然的真山景观其质感、形状、色泽乃至皱理如出一辙。

小品石组合，以象形石最为多见。因为象形石最为投机讨巧，雅俗共赏，而且不少象形物具有特定寓意和象征性，具有容易搭配组合，演绎深化主题的效能。按照其题材的内容大体有这么几种主要组合形式。人物类的，包括男女老少、古今中外等，主要以演绎传统经典诗文和成语故事为主的，如西厢夜读、黛玉葬花、米芾拜石、李白醉酒等；动物类的，包括飞禽走兽、昆虫水族等，

1. 内蒙古戈壁石组合"竹林七贤"，人物排列组合极具匠心（石板宽 38cm，王来琳藏）

2. 内蒙古硅化木组合"喜上眉梢"，硅化木少见象形物，配对更难（高 20cm，杨青山藏）

3. 新疆风凌石、内蒙古戈壁石组合"螳螂捕蝉"，石头造型十分生动，底座演绎到位（宽 40cm，老广钿藏）

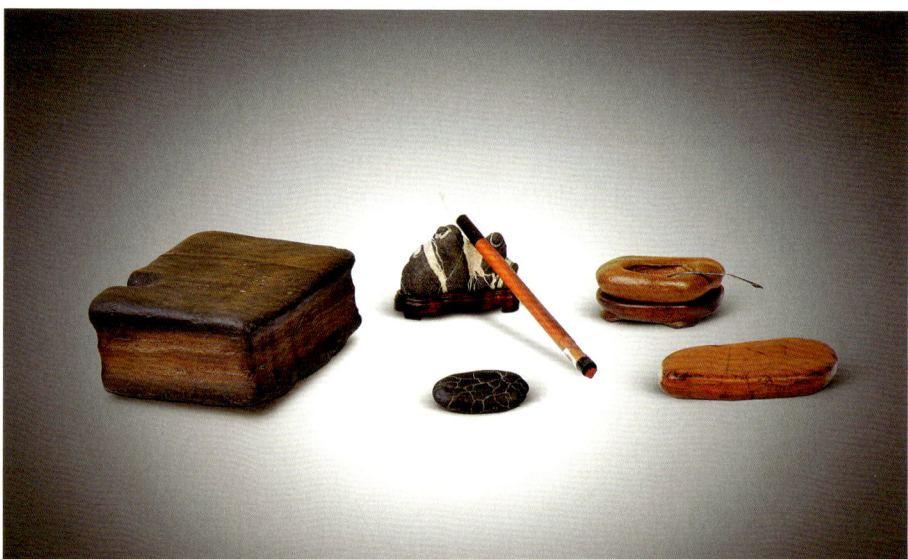

1. 内蒙古戈壁石组合"青山依旧在"，仿效山石盆景做法，有所创新，构图完美，成景入画（宽35cm，张立功藏）

2. 广西大湾石组合"文房之美"，一组小品石组合，善本书、笔架、水盂、墨、笔舔一应俱全（书宽15cm，枕石斋藏）

主要以演绎吉祥喜庆向善色彩，如喜鹊登梅、螳螂捕蝉、重建大业、十二生肖等；食物类的，包括生鲜肉菜、水果点心等，主要以日常生活中喜闻乐见的为主，多以设盘摆篮的形式。器物类的，包括文房器玩、鞋帽衣饰等。

（四）鉴评有法度

关于组合石的审美和评鉴，除了主题单品要符合《观赏石鉴评》标准要求之外，至少还有三项要素，缺一不可，那就是艺术美感、形成难度和主题演绎。

所谓艺术美感，大部分与形式美学法则有关，也就是人类在创造美的形式、美的过程中对美的形式规律的经验总结和抽象概括。因为组合石更多时候是作为一种艺术作品来与人为（包括大师）艺术品相媲美，其审美强烈地带有艺术化色彩。组合石的创作，更多的是根据艺术创作规律，向艺术品看齐。主要体现在组合布局演绎中应该包括：对称均衡、单纯齐一、调和对比、比例协调、节奏韵律和多样统一，包括黄金分割原理等。有的组合石若是演绎或是再现了名家艺术作品的意韵，更属难得。

关于形成难度，其实就是指组合石组合的难度，以及有关主题题材出现的难度，也包括尺寸大小等因素。一般而言，组合石以同类型的石种组合为上，一方面是考虑到组合表现的效果，另一方面也是检验组合的难度。比如米芾拜石这个题材，以山石、风砺石来演绎最为多见，完全以水石来演绎就非常罕见了，因为水石之中虽然人物好找，但具有瘦皱透漏特征的拜石却极为少见，所以一般往往以其他石种取代，从而降低了组合难度。组合石除了象形（主题鲜明）因素之外，尺寸也是一个重要因素，一般而言也是以大为贵。尺寸太小，即使主题再佳，形成难度、视觉效果等都要差一些，除非是一些一比一的象形物，如水果、点心、花鸟、虫龟之类，尺寸大小可以不作要求。从展示效果和表现力来讲，小品组合的最小尺寸（包括底板的宽度、高度），不宜少于20厘米。

关于主题演绎，包括题名、配座、演示等内容。其中，题名的讨巧与否是一个重要因素，以吉祥向善、喜闻乐见、雅俗共赏、诗情画意为佳。题名不当或是不佳乃至不妥，即使石头再到位，演绎再尽心，也难免会减分。与单品石配座不同的是，组合石配座往往会有两块以上石头分别落榫，因为多是小品石，

1

2

1. 灵璧石组合"禅心论道"，人物形象
   十分到位，组合排列极有层次感（板
   宽60cm，高乾龙藏）

2. 一组内蒙古戈壁石花束，完全一比一，
   置于古陶罐之中，极有古意和新意（孟
   宪东作）

内蒙古戈壁石等组合"俺爹俺娘"，床炕上的两位老人，四周的布景杂件十分精心，点明了季候和地域空间（宽40cm，陈老二作）

所以底座的尺寸会有一定程度的夸张和展延，在整个组合石作品权重中，它的作用要远远大于单品石配座。也就是说，组合石更需要依赖配座来演绎主题。所谓演示，就是除了（木制）底座以外，有时候还需要其他材质的道具或是物件来配合，以加深主题演绎的深度。这种演示往往是一种混搭，特别需要拿捏好分寸，恰到好处，过犹不及。这对于创作者的文化修养和人文素养提出了很高的要求。

艺术美感，形成难度和主题演绎，构成了组合石审美的三要素，也是艺术性、科学性、人文性三者的有机统一。至于这三要素权重孰大孰小，谁先谁后，可能不是那么可以精确区分的，有时候艺术美感在先，有时候主题演绎权重更大，也就是说，这三者是一个有机整体，无法割裂开来。就像是模特选美，并非是面面俱到——很可能是一个人造美女——就是最美。所以，可以模糊淡化各要素分数权重高低。

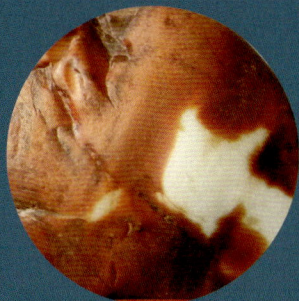

石之藏

●古典赏石是一种样式，与年代、石种无关。而古代赏石是一种年代划分。古代赏石不同于古典赏石，它的特征带有多样性。

一般而言，凡是公认的赏石精品，应该是品相完好，主题鲜明，比例协调，形成难度较大。总之，让人过目不忘，匪夷所思，拍案叫绝。

观赏石的鉴藏，需要识别作假。虽然相对于其他收藏品，观赏石的作伪还是属于比较少见或是容易识别的，但如果不懂石理、不谙石情，也容易上当受骗。

●观赏石的装饰意象、象征意味和风水意义，在人们家居生活的作用不言而喻。藏以致用，是观赏石能够亲近大众的最好切入点。

观赏石还具有特定的实用价值，这尤其表现在文玩类器物上。

观赏石的专题性收藏不同于一般性收藏，开拓空间十分巨大，容易配套组合，形成特色和风格。

收藏一些具有代表性的主打石种的精品，往往具有事半功倍的效果。

———

一、鉴识

（一）古石有特征

观赏石从收藏年代划分，可分为古代赏石和当代赏石。习惯上将清代（宽泛一点，也可以将1949年之前的列入）以前入藏之奇石称为古代赏石。其中又可以分为室内赏石（如文房赏石）、庭院赏石（如御苑赏石）和园林赏石（不包括叠石）。古代赏石历来是被当做古董在玩赏，而不是作为奇石本身在玩赏。明代著名造园家计成在《园冶》一书中，对于当时好事者"慕闻虚名，钻求旧石"就颇不以为然，认为这是在玩古董，而不是在玩石头，他对石头之新旧有过这样的见解：石头埋在土中或裸露于野，餐风沐雨，这便是旧石；而从土中挖出来放进厅堂供奉起来，这就是新石。可见，在当时玩古石与玩石头的圈子似乎已经泾渭分明了。

古代赏石往往与古典赏石混为一谈。所谓古典赏石，是指以瘦漏透皱为结构特征的、以抽象形态为主要表现形式的赏石。古典是一种样式，与年代、石种无关。而古代赏石是一种年代划分。古代赏石不同于古典赏石，它的特征带有多样性。正如宋代诗人苏东坡所言："天地之生我，族类广且蕃"（《咏怪石》）。但不管古代赏石如何"与时俱进"，其主流还是以"四大名石"为代表的古典赏石。这可以从传统的绘画、工艺美术等领域在反映赏石体裁主题时，一致都以"瘦漏透皱"类型为主要素材一窥全豹。从某种程度上讲，"瘦漏透皱"特征的传统赏石，虽然并不符合形式美学的诸多原理，但它与古代文人士大夫的道德观念有着某种相通之处，更像是一种观念的艺术。这也很容易解释为什么古典赏石在近代以来日渐衰微（民国赵汝珍《古玩指南》提到当时玩石概貌时指出："现在好之者既鲜，而天地之精英亦遁世不显。"），因为它越来越

1. 清代铁矿石"小玲珑"，充分体现了传统赏石云头雨脚的特点（高 20cm，杜海鸥藏）
2. 美国罗森布鲁姆收藏的"文人石"——清代太湖石，颇具透漏之态（高 60cm，现藏纽约大都会
   博物馆）

不符合现代人的审美趣味。伴随着传统文人士大夫阶层退出历史舞台，古典赏石也渐渐失去生长土壤。

一直到了改革开放以后，由于玩赏奇石之风的复苏，灵璧石、英石等古典赏石才重新进入了现代人的视线。特别是在西方，在1985年，也就是差不多在当代赏石代表石种广西红水河水冲石刚刚开始露面的时候，远在美国纽约的中国美术家画廊（China House Gallery）和华美协进会（China Institute in America）举办了有史以来第一次以中国古典赏石为主题的展览。古典赏石以其不凡的形象和不解的意味吸引了西方艺术学界的热烈讨论和收藏界的追捧，他们将其视为抽象雕塑艺术品，而抽象艺术在现当代西方艺术中是占据主导地位的，从而开始在西方主流社会拥有众多的拥趸者。这股"文人石"（西方人称古典赏石为Scholars' Rocks）的收藏热一直延续至今。即使在当代艺术之中，"文人石"那种充满抽象和表现意味的韵致，也给艺术家们带来了创作灵感，比如北京雕塑家展望的不锈钢雕塑"假山石"系列就是一例。

今天，收藏古代赏石（包括古典赏石）的更多的是古玩圈的人士，而不是赏石圈的人士。比如在西方世界，收藏中国古代赏石（包括古典赏石）的大多为热衷于中国传统文化和古代艺术品的人士，而真正的赏石圈人士则大多从盆景界中游离而出，其赏石理念深受日本水石文化的影响。在艺术品收藏界，古典（包括一部分古代）赏石早已跻身于东西方的博物馆和拍卖行，但它往往被归类于古玩杂项（其中灵璧、英石一类被归为玉石器，大理石屏被归为家具类）而不是观赏石本身。古代赏石由于其具有的文物价值，不同于一般的观赏石。

古代赏石鉴别特别是断代有相当的难度。如美国已故"文人石"收藏家理查德·罗森布鲁姆一样，许多中外收藏家乃至典藏机构、拍卖行，时常将新石（做过旧的）混同于古石。因为古代赏石大都没有流传有绪的（形象）记录，也没有考古发掘的相关标准器物相佐证，而且任何科学仪器都只能测定赏石的自然年龄，无法测定赏石的赏玩时代。此外，古代赏石的底座与石头赏玩年代不符的现象比比皆是，现在流传下来的古代赏石许多是没有旧座的，更谈不上是原配底座了。一则是前人玩石，并非件件奇石都要配座，这与玩赏的方法有关。如米芾当年玩赏灵璧小石时，都是随身携带置于袖笼中的；而许多供石（如砚山）因本身底部平整可直接置放几案上，也不需配座。而且在明代以前，赏石的底座大多是水盆的形式，所以并不存在——也无从判断原配的问题。即使是有旧

一方年代为"宋至清"的祁连石"桥虹迭翠"，造型为传统过桥式，颇为少见，曾经在香港苏富比2014 年春季拍卖会以 364 万港元成交（宽 12cm）

座的老石，包括刻铭，是否是最初的原配也很难判断。比如，清代也可以制作一种明式底座配石，你就不能说它是明代的。所以，以底座（刻铭）的年代去推测奇石最初的赏玩年代往往会有问题。

传世至今的古代赏石，大多为明清两代之物。其底座不同之风格，与明清家具之别有点类似，可在鉴别时作为参考。从明代《素园石谱》以及同时代其他文献图绘可以看出，明代赏石底座都以简洁线条为主，没有任何装饰雕刻，也没有高脚座。有的有束腰，变化主要在脚上，有如意形、卷云形、圆形等。有的明显是从盆座演变而来的。所谓乳突纹、如意纹、云纹、回纹、海水纹等，都是清代样式。清代底座注重形式，追求奇巧，崇尚华丽气派的风格，尤其是以装饰雕刻见长。

如果说，古代赏石是因为人文因素而身价不同的话，那么，名人收藏或是激赏评点过的观赏石精品，也具有一定的收藏价值。经过名人的收藏或是点评的观赏石，也就是多了一个出处，多出了一种信息量，有的具有文物价值，无疑就有了其附加值。当然，名人因素虽然增加了附加值，但并不等同于或是意味着其观赏价值更高一筹，有的名人并不熟谙观赏石品质的高低，有的不通石理，或是出于一种情绪化的选择，所以也不必过于迷信名人效应，还是应该具体情况具体分析。

同样，对于某些所谓名石也应具体情况具体分析，不必迷信乃至轻信。一般而言，在各类石展上获大奖的石头无疑是"名石"，具有一定的品牌效应。因为大多数观赏石评奖都是根据《观赏石鉴评》标准以及相关标准而定的，但获奖的石头因地方之不同、评委之差异、参展之档次以及种种主客观因素而呈现出很大的落差，有的不是一个等级的。所以应该就石论石，获奖与否只是评估价值的一个参考因素，而绝不是一个决定因素。

（二）精品有标准

由于观赏石收藏往往是个性化较强、主观意志较突出的一种活动，同样一方观赏石往往在各人心目中的感受是不一样的（当然不排斥有些人家公认的精品）。比如有的人钟情于象形石，对景观石可能会不屑一顾；有的人偏爱雨花石，

1. 明代林有麟《素园石谱》书影
2. 来宾卷纹石中的名品"神龟"，造型到位，纹理出彩，在历次重大石展中屡获殊荣（宽50cm，庄伟才藏）

对灵璧石毫无感觉。诸如此类，不一而足。最重要的是，许多观赏石品种至今并没有一个大家公认的评鉴标准，可以量化套用，只能凭感觉点到为止，即使像许多观赏石展览的评奖，也未必能把真正好的精品选拔出来，让广大石友们都叫好。所以它的弹性、可塑性很大，也更有利于藏石家独辟蹊径，各显神通。比起其他艺术品投资领域，石界"捡漏"的机会和传奇故事可谓数不胜数。

在观赏石的形、质、色、纹几个自然观赏要素中，并不是强调要面面俱到，每个要素都要达到极致。一般石头或是石种至少要有两个以上要素特别出彩者才能够达到相当的观赏价值，有的以质、色取胜（如黄蜡石），有的以质、形取胜（如灵璧石），有的以色、纹取胜（如黄河石），有的以形、色取胜（如彩陶石），有的质、色、形均出彩（如内蒙古戈壁石），等等。事实上，很少能见到四个要素俱全皆佳的观赏石，甚至有的要素付之阙如——比如不少造型石就不具备纹的要素，往往是三个，甚至是两个要素出色的，就能出挑，这与不同石种的观赏特点密切相关。比如广西摩尔石，相比起红水河其他优秀的水冲石，如彩陶石、大化石、黑珍珠、卷纹石等，摩尔石既无靓丽的色彩，也无玉质感的宝气，更无凹凸有致的皴折纹理，水洗度也欠佳，甚而有的手感粗糙，但造型变化奇，形成难度大，似像非像，其主题样式带有某种不确定性，配合以青灰色的色彩，更接近于现代抽象雕塑作品，极具艺术韵味和震撼力，有的简直可以说是英国现代雕塑大师亨利·摩尔雕塑的翻版，它的这种形的变化和韵的特点十分出挑，在其他石种之中极少出现（在广西彩陶石之中有一种素彩陶，有点相类似），是以形、韵取胜的代表性石种，可谓一招鲜吃遍天。

一般而言，凡是公认的赏石精品（所谓观赏石精品，按照《观赏石鉴评》标准，一般评估分值在80分以上者），应该是让人感觉过目不忘，会让人产生"岂有此理"、"匪夷所思"、"拍案叫绝"的惊叹。具体而言，观赏石精品大多强调形、质、色、纹、韵以及座架、题名的有机统一，品相完好（允许有老残，但断面至少已有自然包浆，也就是说在大自然已经分开了数以万年计。如内蒙古戈壁石中有的原石曾经分崩离析后又被重新聚首，俗称"对石"，一般为两块，故称，也有的有好几块，也是老残的一种形式，但分开容易相聚难，有的重新聚合后可以严丝合缝，更是弥足珍贵。这在其他石种之中也偶有发现），主题鲜明（并非绝对强调像什么，似是而非的抽象石也需要有点题的亮点），比例协调（主要指观赏石的"三围"即宽度、高度和厚度要比例协调，虽然有一些精品会出

1. 摩尔石"柔道",线条柔美,造型奇特,形同现代名家雕塑(宽50cm,黄云波藏)
2. 灵璧石"蟠龙",体量庞大,灵动非常,气度非凡(高180cm,青岛金石馆藏)

1. 内蒙古戈壁石"寿桃"，由二块对石组成，聚者合缝，散者为二，十分少见（高15cm，徐跃龙藏）

2. 内蒙古戈壁玛瑙"葫芦"，造型形成难度很大（高15cm，倪国强藏）

3. 来宾卷纹石"虎虎生风"，观赏视角较大，具有极强的动感和神韵（宽60cm，黄志伟藏）

现"三围"比例夸张、不协调的现象，但绝大部分精品的"三围"比例都应该符合形式美学的要求，尤其是厚度，应该与高度和宽度有一个和谐的比例），形成难度较大（不同的石种要考虑到不同的形成难度，但并非绝对强调形成难度越大越好，关键在于和主题的契合度，总之要适当体现其稀有性，避免似曾相识的雷同性），具有奇特性或艺术性，给人以丰富联想和美感。并不是每块观赏石都体现了奇特性或艺术性，有的以奇特性取胜，有的以艺术性取胜，兼而有之的当然更难能可贵。相对而言，古典赏石所注重的瘦漏透皱以奇特性取胜，而当代赏石所注重的形质色纹更强调以艺术性取胜。

此外，观赏视角的大小，也是判断观赏石（造型石）精品与否的一个重要方面。所谓观赏视角，就是指观赏石在表现某一主题时，其可视角度至少应该在15度以上，越大越好。有的石头最佳视角稍纵即逝（俗称死角），虽然很上照，但实物却逊色不少，就是这个道理。所以，包括在网购奇石的时候，对于有些特别精彩角度的奇石，最好要多看几个角度，或者是以视频的形式来观察。

内蒙古戈壁玛瑙"巧克力蛋糕"，比例一比一，俏色到位（宽9cm，枕石斋藏）

广西大化石名品"月光曲"，质色形纹俱佳（高50cm，李明藏）

观赏石精品的选择，除了形、质、色、纹、韵以外，尺寸的大小也很重要。虽然尺寸大小不是衡量观赏石精品与否的主要标准，精品与石头大小并无直接对应关系。但不可否认，同样的主题样式，特别是一些以质色取胜的优秀石种，应该越大越难得，这不但与其形成难度有关，也与展示效果有关——除非是一些一比一的象形石，可以对尺寸忽略不计。不同的石种尺寸要求有所不同，比如同样是小品石，雨花石一般直径超过6厘米以上就算上品了，而对于大湾石来说算是太小了。包括内蒙古戈壁石、新疆风砺石等小品，作为单品观赏收藏一般尺寸最好在8厘米以上（20厘米之内）。而大部分石种所谓的标准石，尺寸最好在30至40厘米之间，便于搬运展示。尺寸的大小既与石种的特点有关，也与有关主题形象的形成难度有关。比如，内蒙古戈壁石中的小品往往容易出一些象形石，而作为标准石，其形成难度要大得多，也少得多。又如大化石一类的水冲石，往往标准石容易出主题形象鲜明的精品，相对来说其小品的精品比例要小得多。

（三）作伪须识别

观赏石的鉴藏，需要识别作假。虽然相对于其他收藏品，观赏石的作伪还是属于比较少见或是容易识别的，但如果不懂石理、不谙石情，也容易上当受骗。观赏石加工作假手段通常有切割、打磨、粘接、喷砂、酸洗、上色等。

造型石的加工作假大多集中于石灰岩类古典赏石。太湖石、灵璧石之类由于大多属石灰盐类岩石，硬度不是很高（4度左右），而且不耐酸类腐蚀，故极易作假。包括外形轮廓以及孔洞结构的加工，外形以状形象物的（如动物）居多，其孔洞则大多是前后对穿，少见自然形成的孔洞那种迂回曲折感。这类作假的石头通常要经过酸（硫酸）的浸泡，由此也将石头本身的皮壳完全破坏了，原来的灰黑色会变成黝黑色，仔细辨别不难发现。

有关石灰岩类的加工修治，其实古已有之，而且成为了一种传统手艺，至少在宋代已经非常流行了，如杜绾《云林石谱》一书中，就对于各种奇石的修治加工一一作了详细的介绍，平江府太湖石"其间稍有巉岩特势，则就加镌砻取巧，复沉水中，经久为风水冲刷，石理如生"，青州石"土人以石药粘缀四面取巧，像云气枯木怪石敧侧之状"，等等。事实上，传世至今的不少古代赏石，

加工过的太湖石，表皮已被完全破坏

都有加工修治痕迹，特别是孔洞的加工更为多见。最典型的一例，莫过于宋代文豪苏东坡曾经痴迷并且命题的江西湖口石"壶中九华"："湖口人李正臣蓄异石九峰，玲珑宛转，若窗棂然。予欲以百金买之，与仇池石为偶，方南迁未暇也。名之曰壶中九华，且以诗纪之"，《壶中九华诗》中有"五岭莫愁千嶂外，九华今在一壶中"之句，八年之后苏东坡重经湖口，特意访问了该石的下落，得知已为好事者取去，怅然若失，和前韵再作一首，其中有"尤物已随清梦断，真形犹在画图中"之句。此后不久，诗人在常州辞世。一年后，诗人黄庭坚来到湖口，李正臣将苏轼两次咏"壶中九华"诗来见。黄庭坚感慨万千，步苏东坡诗原韵感赋一首《"壶中九华"诗》以悼念诗人。这方在赏石文化史上非常著名的奇石（明林有麟《素园石谱》有其图绘），其实就是一块加工修治过的石头——不知道诗人是否确知洞悉。数十年后问世的杜绾《云林石谱》在"江州石"中就有如此记载："土人李正臣蓄此石，大为东坡称赏，目为'壶中九华'，有'百金归买小玲珑'（应为"百金归买碧玲珑"——作者注）之语。然石之诸峰，

173

间有作来奇巧，相粘缀以增玲珑。此种在李氏家颇多。"

　　一般来说，油蜡可以掩饰观赏石的加工痕迹或是缺陷，所以对于上过油蜡的观赏石要特别注意。最好是让其褪去油蜡之后再判断其是否天然和无缺陷。如有的水冲石局部有加工打磨或是浓酸清洗过，在褪去油蜡之后打磨、酸洗的地方就会发灰显白，并且有显著的打磨痕迹。有的石头（如云南黄龙玉）内部有绵（一种气液包裹体），油蜡浸润后往往无法分辨。

　　观赏石的作假相对集中在一些主打石种，无论是造型石还是图纹石，如果发现有特别状形像物的，或是有不合石理之处的，就须加小心谨慎了。这需要对于有关石种有较为全面的考察和认识。如灵璧纹石和来宾卷纹石因其身价昂贵，多有作假。如果从横断面看，原始的纹沟呈 V 型，人为机械加工的石纹呈 U 型，纹形也极不自然。造型石的作假大多集中于古典赏石。太湖石、灵璧石之类由于大多属碳酸盐类岩石，质地较为疏松，硬度不是很高（4 度左右），而且不耐酸类腐蚀，故极易作假。包括外形轮廓以及孔洞结构的加工，外形以状形象物的象形（动物）类居多，其孔洞大多是前后对穿，少见自然形成的孔洞那种迂回曲折感。这类作假的石头由于大多是完全改变了其原来的面貌，通常要经过盐酸（硫酸）的浸泡，使之加工部位与原来石质浑然一体，由此也将石

外形加工过的广西幽兰石景观，表面石皮已经没有了（宽 16cm）

174

广西大化石"猫咪"，俏色部分其实是本色，呈现出猫的形象，其余为水镀色（宽12cm，枕石斋藏）

头本身的皮壳风化层完全破坏了，仔细辨别不难发现。

图纹石的作假，包括色彩和图纹的作假。其表现形式大致可分为两类。一类是经过切割打磨过的图纹石，根据其原有的不同色彩层面，依样磨琢成浅浮雕式的画面，如云南大理石、广西彩霞石等，触手有凹凸感的即是；也有的是在原来平面的图案上补添其不足之处，甚至是直接新添画上去的图案，须仔细观察其纹彩与底色的过渡是否清晰自然，其正反二面的纹彩是否契合。一类是砾石或是卵石，其作假手法林林总总，主要有化学褪色、染料浸色、烧烤熏煮浸色等手法。这类石头大都体积不大，表面大多涂上油蜡乃至透明漆，图案形象过于逼真，色彩不够厚重自然，感觉上是浮于石表而没有深入肌理，有的纹彩表面没有岩石特有的细粒或微粒结构。还有一种作假也不得不防，有些石头表面有很重的风化色，加工者在部分需要俏色部分用浓酸洗去风化色，成为象形状物的亮点。

还有的以观色为主的观赏石（如绿松石），作假主要是将色彩进行优化处理，使其改色。这与翡翠B货的加工手法有点类似，但是颜色往往过于均匀，深度很浅，用蘸氨水的棉球擦拭还会掉色。

二、收藏

（一）斋无石不雅

俗话说，园无石不秀，厅无石不华，斋无石不雅，居无石不安。观赏石的装饰意象、象征意味和风水意义，越来越被玩石者所重视。无论是刚入门，还是未入行，只要你有亲近自然、崇尚艺术的兴趣，那么，观赏石无疑是最好的一个切入点。藏以致用，是观赏石能够亲近大众的最好切入点。

接触观赏石，可以到花鸟市场、古玩市场以及艺术品市场，不少地方（尤其是奇石产地）还有专业奇石市场。此外，凡是喜爱旅游的，在名山大川中旅行采风时，也可以随时留意采集身边的奇石。这是观赏石收藏不同于其他收藏的一个特点。

从家居装饰的角度，观赏石可以在厅堂、案几等处找到安身立命的去处。例如，厅堂里可以在玄关入口处置放中型山形石，如九龙璧、灵璧石等，有开门见山的意味。一般尺寸在30—50厘米左右、以两人可以搬运为佳。沙发边的案几以及书桌上，可以置放小型适宜随手抚玩的小型观赏石，以20厘米左右为宜，有的可以以博古架的形式置放小型观赏石组合。此外，墙壁上也可以悬挂类似大理石一类的石画。观赏石的供设要与室内环境相协调。比如观赏石的体积大小要适宜，太大了会给人以一种压抑感。室内摆设时要考虑石头本身的色质，比如全是以黑色为主的灵璧石，会给人以阴森森的感觉，最好要有其他色彩的观赏石或是背景作映衬。此外，还要注意留有一定的展示空间，一般体积稍大的赏石应一石一座一几与家具配合起来，博古架上每块赏石的摆放同样要注意留有空间；另外，观赏石之间的大小、色彩搭配也应谐调，一般以体量相近为原则，不要大小相差悬殊。

1

1. 苏州古典园林怡园中藕香榭
   的供石、瓷瓶等摆设

2

2. 瓷瓶竹雕石头组合而供，象
   征着福禄寿康（枕石斋藏）

赏石的玄关布局一景（李明翰藏）

1. 长江水冲石组合"动物狂欢"，八方石头体量相当，神态各异，彼此呼应（博古架宽 180cm，章国江藏）

2. 原柳州中华园的供石布局一景

观赏石的摆设，还可以与古玩乃至盆景搭配起来。旧时厅堂的供桌上，往往有瓷瓶和赏石配套陈设的惯例，有寓意平安之意。一般而言，观赏石宜与文玩小品配合起来陈设。所谓文玩，是指文房四宝以及由此衍生出来的器玩，林林总总，举不胜举，大致以小巧雅致、器型多变见长。石玩与文玩两者有许多可以相辅相成、相得益彰之处。比如，山峦形的景观石可与笔架相配合，抽象类的禅石可与香炉相契合。关于盆景与赏石的搭配，盆景一般以草木类素净色彩为主（如菖蒲、兰花、水仙等），以永恒之生命与短暂之生命相对话，可以产生强烈的艺术对比表现效果。

　　观赏石还具有特定的实用价值，这尤其表现在文玩类器物上。文玩与石玩，有许多相通或是相似的地方。比如砚和印，多取材于石头，有的还是不事雕琢的原璞，如端砚中的子砚，印石中的田石，等等。当然，这些石料与我们玩的奇石虽然相似，但质地及其硬度还是力有不逮之处。这也反映出奇石要出现类似形状具有一定的难度。文玩之中，与奇石最为亲近的莫过于笔架，有时候又称笔山、笔架山，一个山字，就与奇石（景观石）挂上了钩。确实，从历史上考察，笔山源自砚山，也就是发端于五代十国时候南唐李后主所创制的灵璧石砚山，以后为宋代书画家米芾得之并有《研山铭》和《宝晋斋研山图》传世。砚山，可谓景观石的鼻祖，也是笔山造型的滥觞。又如，古代作为一种打击乐器的礼器磬，也是起源于灵璧磬石，为"八音"中的"石"音，有的被加工成曲尺形，有的则取其天然造型，特别多见的是鱼形，取磬（庆）有余之意。此外，如镇纸、水盂、笔舔、笔筒、香插等，这些天然成趣的奇石，形成难度较大，既有观赏性，又兼备实用性，还具有文化内涵，可以留意收藏，自成系列。

广西大湾石组合"文房四宝"，比例和谐（枕石斋藏）

1. 广西大湾石与文玩组合，底部衬以竹帘，简洁明快（枕石斋藏）

2. 安徽灵璧石"通灵"，底部衬以随形瘿木板，具有古意（高 14cm，杨恒星藏）

（二）收藏分专题

观赏石除了按照其陈供效果和使用价值进行有选择的收藏之外，可以分石种和题材进行专题收藏。

所谓石种，就是根据观赏石的品种，攻其一项，不及其余。目前我国观赏石已开发的品种不下五六百种，有的品种还可细分出若干类（"亚种"），如灵璧石可以细分成纹石、磬石、皖螺化石等亚种，内蒙古戈壁石可以细分成玛瑙、碧玉、玉髓等亚种，南京雨花石可分为石英、玛瑙、蛋白石等亚种，每个石种（或亚种）都可以作为专题收藏的切入点。需要指出的是，按照石种作为收藏专题，一般在观赏石产地较为多见，这也是得地利之便。

所谓题材，就是根据观赏石（造型石）所表现出的呈象特点来收藏。观赏石的呈像大致可以分为景观、象形、抽象等类别，每个类别都可以细分出很多种类。比如，景观石是观赏石收藏的大项，以表现大自然的山川为主，也包括一些人文景观，如建筑、茅舍、舟船等。日本水石将山水景观作了具体而细致的分类，大致分为以下九类：山形石、岛形石、岩形石、土坡石、平台石（"段石"）、湖沼石、瀑布石、茅舍石和舟底石。其中，每一种类型都是很好的收藏专题。

从具象来说，可以分为人物、动物、文字、植物、花卉、器物、食物等许多种，每一种又可细分为若干类，稍加组合搭配便会有无穷变化，其中宜以大众喜闻乐见的为切入点。比如人物中可分为古今中外各类别，每类人物都是一个切入点，如佛道类人物；动物中又可分为禽兽两大类，其中十二生肖也是很好的一个专题；文字是一个很好的收藏专题，文字中又可分为中外两大类，可以发掘出许多组合来。植物、花卉之中，如梅兰竹菊"四君子"、松竹梅"岁寒三友"等传统吉祥题材都是很好的专题。器物之中，文房四宝、盛具器皿等也是常见的专题。

又如，食物也是观赏石专题收藏的一个门类，这不但是因为其雅俗共赏，吸引眼球，成为国内公私石馆和重大石展的"主打品种"，而且还因为，民以食为天，食与石谐音，奇石的永恒性和美食的易腐性作了很好的互补，从而诠释了永不落幕的盛宴的主题。这种配套组合的方式，是观赏石收藏的一个重要

1. 新疆风凌石"千年一壶"，比例到位，形成难度很大（高14cm，枕石斋藏）

2. 广西大湾石"南极仙翁"，俏色难得，头部圆润，长须曳地，十分写意（高12cm，枕石斋藏）

3. 长江石"生肖牛"，反差强烈，动感十足（宽20cm，陈洪玖藏）

1. 树草纹是广西大湾石中经常出现的图案（宽 12cm，赖显颐藏）

2. 内蒙古沙漠漆"蹄髈"，风砺度极佳，美色诱人（宽 22cm，枕石斋藏）

3. 新疆风凌石"太极运手"，类似台湾著名雕塑家朱铭作品风格，极富意韵（高 10cm，枕石斋藏）

内蒙古戈壁石组合"貂蝉拜月"，组合精心，颇富韵味（高35cm，樊建钵藏）

方面，可以灵活运用，虽然十分耗时耗力，但是往往会取得特别的效果。奇石宴，不论是一百零八盘的"满汉全席"，还是八九不离十的家宴小吃，其都有主菜、配菜之分。所谓千军易得，一将难求，奇石宴也是如此，往往配菜易得，主菜难求。所谓主菜，按照传统习俗，无非是鸡鸭鱼肉，其中又以肉为先。所谓无肉不欢，无肉不成筵席。能够组合成奇石宴的，或者是肉形石在其他各地石种中都能见到，包括（新疆）风凌石、（云南）黄蜡石、雨花石、马岛玛瑙，等等。如在河北康保县出产一种猪肉石，肥瘦分明，有皮有肉，就连毛孔一应俱全。还有羊肉、羊肝、羊肺、羊排、牛肉、小麦、花生、米粥等30多个品种。康保奇石现已被收录至张家口市第二批非物质文化遗产保护名录。其中，表现力最强的，或者说真正能够惟妙惟肖表现各种食物包括肉食的形色肌理的，莫过于内蒙古阿拉善的戈壁石。可以这么说："天下奇石宴，尽在阿拉善。"

值得一提的是，由观赏石专题组合衍生出的小品组合，是观赏石向艺术品真正接轨的一种表征，也为观赏石的专题收藏提供了新思路。举凡戏曲故事、传说典故等主题，都可以通过小品组合石来场景再现，特别是一些经典的文学艺术作品的精彩情节和桥段，通过小品组合石来表现，其效果可以超乎人们的想象。如《西游记》、《三国演义》等。

从抽象来看，观赏石许多是介于似与不似之间的，更多的为不似，有的具有抽象艺术之美，当然其中也会有若干类似抽象艺术大师作品风格的奇石，尤需慧眼识得，点破混沌。如果以某个艺术大师或某种艺术流派风格的作品为参照物，留意搜集，成为系列，也不失为一种专题收藏的思路。如广西摩尔石之中，不少都是具有英国现代雕塑大师亨利·摩尔作品之神韵，可以作专题收藏。抽象石中，以瘦皱漏透为代表的古典赏石，可以说是一种古典抽象类赏石，已经成为一种程式化的审美。

总之，观赏石的专题性收藏不同于一般性收藏，开拓空间十分巨大，容易配套组合、形成特色和风格，但需要的是恒心。须因人而异，量力而行，知己知彼，扬长避短，并在收藏的过程中不断调整和完善。应该指出的是，专题性收藏，也并不排斥更不要漏过非专题性的观赏石精品。

福建九龙壁组合"五百罗汉",组合不易,气势不凡(平青藏)

（三）石种选主打

观赏石虽然不同于古玩书画艺术品，但其精品的增值、升值空间以及流通性丝毫不逊色于经典艺术品，尤其是收藏一些具有代表性的主打石种的精品，往往具有事半功倍的效果。当然，也不能排斥非主打石种中的精品佳构。

所谓主打石种，或者是具有代表性的石种，应该具备这样几个条件：一是具有一定的资源量，无论是存量（已入藏）还是增量（未开采）。有的观赏石品种已经绝迹，有的面临枯竭，存量或增量都非常有限，市场少见流通，不能认定为主打石种。如安徽宣石，又称宣城石，产于安徽省宣城、宁国一带山区。质地细致坚硬、性脆，颜色有白、黄、灰黑等，以色白如玉为主，稍带锈黄色。多呈结晶状，稍有光泽，棱角明显，沟壑皱纹细致多变，体态古朴，以山形见长，貌如积雪覆于石上。古代宣石多用于制作园林山景或山水盆景，少量作为清供观赏，包括清代故宫宁寿宫花园、扬州个园四季假山（冬山）等均有供置。宣石其实是一种石英岩，内含大量白色显晶质石英，颜色洁白与雪花相近，迎光发亮。往往越旧越白，退去火气后多呈白而糯状，有的看似玉化半透明状。但其数量特别稀少，包括宋代杜绾《云林石谱》、明代林有麟《素园石谱》都无记载。虽然近两年也有发掘，但数量和精品极为有限。

二是具有相当数量的优秀的、代表性的精品。有一定的量（存量或是增量）的观赏石，如果没有一定数量的精品，也不能认定为主打石种。观赏石各个品种之间的精品概率是不一样的，有的精品概率非常低，如南京雨花石，具有观赏价值的雨花石仅占万分之一，其中达到珍品级的又是其万分之一。有的精品概率非常高，如内蒙古沙漠漆、葡萄玛瑙、广西彩陶石、卷纹石、石胆石等石种，其赋存数量并不十分大，但其精品概率颇高，远远超过万分之一。

三是具有一定的特殊性和文化意味。如藏瓷因质感温润光泽、坚致如瓷而得名，产自神秘的世界屋脊青藏高原西藏昌都地区河流中上游不足一公里的山涧中，当地海拔平均高度达3500米以上，气候、地理环境极为恶劣，采集难度很大，存量非常有限，精品更是极为少见。藏瓷是当地亿万年天光地气水流等自然因素合力作用的结果，不但造型各具特点，而且其金黄色、藏红色的主色调极富西藏地域民族文化色彩，富含氧化镁的材质可以作为烧制高档瓷器的理

1. 安徽宣石"终南雪霁"，具有山水画意境（宽40cm，赵德奇藏）

2. 内蒙古葡萄玛瑙以珠圆玉润、颗粒匀称、色彩干净而为贵（高50cm，杜学智藏）

想原料，同时石面纹理或如"金缕铁线"，又有"蚯蚓走泥"，集哥窑、钧窑等宋代名瓷窑变纹饰于一身，这是其他观赏石品种所罕见的。

四是具有相当数量的收藏群体，而且是全国性的而非区域性的。因为不少地方（尤其是观赏石产地）藏石群体多有本土观念或是本土意识，排斥外来石种，夜郎自大，虽然当地石种被产地炒得很火，拥趸者甚众，但如果得不到其他地方——特别是赏石文化比较发达的非产地石友和藏家的认同，这也算不上是主打石种，只能算是地方石种。所谓主打石种，通俗地说，就是各地主要奇石市场流行的便是。

五是具有一定的人文艺术积淀，在观赏石的收藏鉴赏、传承创新方面具有重要的地位或者是独特的贡献。比如古代赏石有"四大名石"之说，即太湖石、灵璧石、英石、昆石，古典赏石的瘦皱漏透特征在这四大名石中反映得最为真切，也是古代赏石收藏的主流，曾经影响了整个古代赏石文化史的脉络。如今，除了灵璧石之外，其他三大名石在传统产地之外均有新的产地发现，如广西柳州地区的太湖石、英石，福建龙岩地区的昆石等，虽然品质上有一些差异，但实现了资源可持续性开发的态势。当代赏石之中，彩陶石的得名是一个具有标志性的事件。之前古代奇石命名基本上以产地命名，也成为了一种约定俗成，所谓的彩陶石，其实是按照唐三彩的艺术表现（色彩）特征来命名的，其中最主要的原因，恐怕还是向主流收藏艺术品靠拢或者说接轨吧。当代赏石的所谓形色质纹，应该说，源自于广西红水河流域优质水冲石的开发，最早的代表是天峨石，而紧接着开发出来的彩陶石，使得当代赏石的理念得以最终完全确立。可以说，彩陶石的命名和鉴藏，是当代赏石发展的一大里程碑式的事件，所以彩陶石的产地合山有"中国现代奇石文化发源地"的美称。

上述五项标准，有的之间相辅相成，有的之间没有联系。概而言之，至少应该涵盖两种以上的，才称得上主打石种，如果能够涵盖三种以上，无疑就是优秀石种了。比如，广西天峨石，产于柳州天峨县境内的红水河段，外形多呈卵状，质地细滑光洁，色彩或斑斓陆离，或素洁雅致；纹理或平或凹或凸，自成天趣。似版画，如浮雕，奇逸占拙，意境深远，是图纹石中的代表之一。天峨石在当代赏石历史上具有相当的地位和贡献，它是广西红水河流域奇石最早被开发的品种，早在20世纪80年代初就已开始出水，不但如此，当代赏石所谓的质色形纹审美指向（源自民国时期赏石家张轮远的《万石斋灵岩石谱》，

广西天峨石"群山万壑"，纹理凹凸有致，颇具画意和气势（宽 18cm，枕石斋藏）

来宾石胆石"传奇"，肌理饱满，似与不似，极富张力和活力（净高120cm，莫树波藏）

他在总结雨花石的评鉴标准时，以为"形、质、色、文之客观上美好特点，为研究灵岩石之权舆"。其中"质为本体，当属最要"）也是由此而来。但是，天峨石资源非常有限，精品更是寥寥，所以，它也很难成为主打石种。

按照上述标准，推荐如下石种作为主打石种，包括：内蒙古戈壁石（葡萄玛瑙、沙漠漆）、新疆风凌石、广西大化石、彩陶石、摩尔石、来宾石（卷纹石、石胆石、黑珍珠）、大湾石、黄河石（宁夏、甘肃、河南）、长江石（四川、湖北）、贵州乌江石、盘江石、硅化木（新疆、内蒙古、印尼、缅甸）、黄蜡石（云南、广东、广西）、广东孔雀石、湖北绿松石、江苏太湖石、安徽灵璧石、广东英石、云南大理石、福建九龙璧、山东崂山绿石、吉林松花石、南京雨花石、昆石（昆山、龙岩）、菊花石（长江、恩施），等等。需要特别指出的是，并不是主打石种就可以不加选择了，每个石种中的精品和凡品乃至劣品之间的差距可谓判若云泥。此外，作为理性收藏，也绝不排斥其他石种中的精品，如宝岛台湾的花莲玫瑰石、台东西瓜石、台东南田石、南投龟甲石、宜兰铁钉石等。

马料玛瑙"清供",色彩对比强烈,浮雕太湖石颇为奇崛(高 10cm,枕石斋藏)

　　除了已经开发的主打石种,还应该留意新开发的石种,特别是境外的石种,如蒙古国、埃及的戈壁石,印尼的水冲石(硅化木),日本的水石,巴西的彩釉玛瑙,马达加斯加的水冲玛瑙,缅甸的树化玉,等等。有些新石种刚刚面世的时候,往往并不叫好,需要有敏锐的眼光和魄力。平常要留意有关赏石文化活动资讯,经常与市场和石友零距离接触,掌握第一手信息。目前每年大中型全国性观赏石展览展销活动不下百余场,可以选择一些赏石文化活跃地区和主要产地观摩选购。

附录一：二十四石品

晚唐诗人司空图作有《二十四诗品》，是一部古代诗歌美学和诗歌理论专著，也是中国文学批评史上的经典名篇。他以道家哲学为主要思想，以自然淡远为审美基础，囊括了诸多诗歌艺术风格和美学意境，将古代诗歌所创造的风格、境界分成雄浑、冲淡、纤秾、沉着、高古、典雅、洗炼、劲健、绮丽、自然、含蓄、豪放、精神、缜密、疏野、清奇、委曲、实境、悲慨、形容、超诣、飘逸、旷达、流动共二十四类，分别用诗的语言略加阐述点拨，如"雄浑"中的"超以象外，得其环中"，"典雅"中的"玉壶买春，赏雨茅屋"，"含蓄"中的"不着一字，尽得风流"，"悲慨"中的"大风卷水，林木为摧"，云云。这也成为了后世在诠释文学、艺术作品所传达出的意境的典范。

某种程度上讲，许多观赏石精品具有类艺术性，有些品种也可以用诗性语言予以点题。这里，效仿司空图《二十四诗品》的做法，在林林总总的主打石种之中，选取二十四种，与《二十四诗品》一一对应，作一介绍。

一．雄浑——九龙璧

九龙璧，又称华安玉，古称茶烘石、梅花石，分布在福建漳州九龙江流域的华安县、漳平市、南靖县和长泰县等地，水旱皆产。原系距今 2.48 亿年古生代二叠纪的海相沉积岩，经距今 1.63 亿年中生代侏罗纪陆相火山喷发变质而成条带状钙硅质角岩，硬度达 7.8 度。九龙璧坚致如玉，形态变幻奇崛，跌宕多姿，形神兼备，富有沧桑感。色彩斑斓，纹理清晰，呈现紫红色、淡黄色、黑色、翠绿色及墨绿色条带状弯曲结构纹理。

九龙璧造型以人头和山头见长。尤其是人物头像，往往会出五官细节，比

九龙璧 "绉云峰"（高 80cm，王天然藏）

例协调。山形石其造型、肌理等非常接近大自然，又以切底石较为多见，能体现山形特有的峰、峦、丘、壑等要素，仿佛就是大自然的缩景。九龙璧具有丰富的、富于表现力的肌理，常见带有山水画的"皴法"肌理。纹理千变万化，有平行纹、水波纹、皱纹、云纹等，色彩与纹理又常常交融在一起，构成多姿多彩的画面。再加上浮雕的出现，更使九龙璧图案精彩纷呈，增添了更多的内涵和美感。

二．冲淡——乌江石

乌江石，产于贵州思南县至沿河县120多公里的乌江河段，主要集中于德江县上下游的河滩。乌江石以质地坚硬、形成难度大著称，属硅质变质岩，硬度达6—7度，水洗度颇佳，细腻光润。其纹理简洁、婉转、圆顺、柔和、流畅，纹样多见点状、流水样线，构成了清纯的画面意境。色彩内敛，清丽沉静，主要有青、黄、白三种基本色调，以青色最为多见，温文尔雅，深沉内敛。

乌江石主要有水墨石、山墨石、类太湖石、砍纹石、类幽兰石、类武陵石、素陶石以及由粉砂岩形成的景观石、象形石等，以卵石造型多见。造型石或磨圆度好，或外形奇特，意趣天成，颜色较单一，多呈灰色、黑色、黄色、青绿色。图纹石多见黑黄凸纹，俏色分明，形象惟妙惟肖，天然成趣。

乌江石"宏图大展"（高40cm，庄伟才藏）

草花石"秋色满林"（宽 24cm，徐忠发藏）

三．纤秾——草花石

　　草花石，又称广西国画石、古生石画，因石上画面多呈现单色或多色彩的草花状图案而得名。产于广西来宾县铁帽山林场的黔江下游处，原岩系距今约2.5亿年前二叠系下统孤峰组底部岩石，为钙质硅质岩和硅质灰岩，硬度3—6度。草花石的图纹，是由于矿物沿节理裂隙及毛细孔充填，在一定程度风化情况下，多种矿物元素致色，使其图纹呈现出绚丽多彩的色纹。石料需经过切割打磨，才呈现出清晰画面。其审美不局限于国画效果，也有具有版画、油画、素描之类风格。

　　草花石质地细密古朴，图案绮丽多姿，表现力极其丰富。其产出靠水边部分具有图纹，深部的岩石则是单色的深灰色、灰色钙硅质岩。有些草花石形成墨色，呈渐变的褐黄色，其中节理充填不同矿物质形成多种纹线，往往形成一幅幅生动的钢笔画或工笔写意画。草花石里常含有单体珊瑚化石，其形成的"太阳"和"月亮"是单体珊瑚或海百合茎横切面的结果。

四．沉着——黄河石

黄河石以石英岩、硅质岩、凝灰岩、硅化灰岩居多，质地细密坚实，色调凝重古朴，硬度一般在6—7度。其中上游的青海段河源石多见有奇特造型，又称星辰石、鼓丁石，主产于青海隆化、循化县段的黄河滩岸。石肤较为光滑、滋润，颜色古朴凝重，基色多为深灰青或深灰绿，一般以黑色为基调，一石多为两色，显现出镶嵌的效果，多类星辰日月，凹凸有致，奇特自然。

黄河中游以下的奇石磨圆度较好，以纹理图案见长，有兰州黄河石、宁夏黄河石、内蒙古黄河石和洛阳黄河石。尤以兰州地区所产为多，色调明快、清新、自然，古朴中显深沉凝重，典雅中多粗犷雄浑。纹彩又以暗红色居多，画面以表现大自然的日月星云、山川河岳居多。洛阳黄河石以日月石（也称日月星辰石、洛阳太阳石）最为知名。磨圆度较好，颜色多为黄褐至褐红色调，其中以圆形晕圈最为常见和独特，晕圈的圆度极好。底色多呈棕红、深赭色，画面以黄、白、红居多，佳者日月周围点缀有星光、云彩、日晕、水景等。

五．高古——太湖石

太湖石，俗称湖石，因产于太湖而得名，主产于环绕太湖的苏州洞庭西山、宜兴一带，亦称洞庭石，其中以鼋山和禹期山最为著名。属四五亿年前寒武纪和奥陶纪的石灰岩，多为灰色，少见白色、黑色。石坚而脆，纹理纵横，石面遍多坳坎，有的窝洞相套，玲珑剔透。太湖石以造型取胜，具瘦、皱、漏、透之态，多玲珑剔透、重峦叠嶂之姿，是传统园林造景中不可缺少的材料。

太湖石按分布在长江以南或北分为南太湖石和北太湖石；按是否产于水中或陆地分为水石和旱石。狭义概念的太湖石仅指江苏太湖所产，广义概念的太湖石，即由岩溶作用形成的石灰岩，如南京龙潭、青龙山、汤山、镇江句容、浙江长兴、安徽巢湖、山东费县、临朐、河南淅川、广西柳城、贵州兴义等地均有大量产出。南太湖石大多受水冲刷性坚而润，石面纹理纵横；北太湖石大部分埋在上层里，雄浑有力，粗犷简洁。

1. 兰州黄河石 "静悟"（高 40cm，招雪芬藏）
2. 古太湖石 "飞龙"（宽 230cm，胡丰明藏）

1. 彩陶石"肖像"（高 40cm，张炜藏）
2. 黄蜡石（黄龙玉）"吉祥鸟"（宽
   20cm，张旭藏）

六．典雅——彩陶石

彩陶石，又称马安石，产于广西合山市合里乡马安村红水河十五滩。因石表有一层美丽釉面，近似唐三彩而得名。有彩釉和彩陶之分，石肌似瓷器釉面称彩釉石，无釉似陶面者称彩陶石，明亮光润，坚韧细腻。

彩陶石以硅质粉砂岩或硅质凝灰岩为主，部分含绿色绿泥石，另有铁、锰质的影响，使有的石表呈褐色、褐红色、褐黄色，硬度达6度。有纯色石与鸳鸯石之分，鸳鸯石是指双色石，三色以上者又称多色鸳鸯石，鸳鸯石以下部墨黑、上部翠绿为贵。色分翠绿、墨黑、橙红、棕黄、灰绿、棕褐等色。尤其是绿玉石，色调沉静优雅，纯净无瑕，石肤似釉生光，故有绿釉石之美誉。

彩陶石石表往往有许多冰裂状纹理，造型以多边形的几何形体居多，难见奇峰异谷或象形之景物，多见方柱棱角之形。

另有产于红水河马滩的葫芦石，又称福禄石，其质色纹韵与彩陶石极为相似，只是其形态上往往有一道道勒槽。

七．洗炼——黄蜡石

黄蜡石因其表面呈现蜡油状黄色釉彩而得名。主要产于云南、福建、江西、湖南、浙江、台湾等地。主要成分是由石英砂岩、火成岩、石英岩等多种矿物及二氧化硅组成，属矽化安岩或砂岩。其硬度在6.5—7.5度之间。表面光亮洁润、透明性强，色如黄玉，质如凝脂，纹理柔和。

由于含有不同种类、不同比例的其他矿物质，蜡石总体可分为黄、红、白、黑四大类，和冻石、五彩石等。其中黄蜡石最为多见，又有金黄、橙黄、鸡油黄、淡黄等之分，以金黄色为贵。根据质地的透明程度和表面光洁油润程度，可以分为冻蜡、胶蜡、晶蜡和细蜡。蜡石通常以其质色和观赏效果来评审其优劣，上品为玉脂光泽。纹理一般分为两大类，一类为呈浮雕状纹理图案，另一类为色彩纹理图案。常见有晶体状、网状、猪肉状、珠滴状、荷叶状、流水状等纹理。

黄蜡石以云南保山，广东潮汕、台山，广西贺州等地所产质地为佳。云南省保山市龙陵县所产质地细腻、温润通透、能雕琢成器者称作黄龙玉。

八．劲健——灵璧石

灵璧石主要产自安徽灵璧渔沟、九鼎两地。当地有六七十余峰产石二十余类百多品种，其中以磬石、纹石、白灵璧、皖螺等为最佳。

灵璧石主要由滨—浅海相与泻湖相的碳酸盐岩组成，距今约有7亿年的历史。矿物成分以方解石为主，并含有多种金属矿物，致密坚硬，硬度多在5度以上。灵璧石的肌肤光华温润，滑如凝脂，其表现形式往往巉岩嶙峋、沟壑交错、粗犷雄浑、气韵苍古。石色以黑、褐黄、灰为主，也有白色、暗红、五彩诸色，有的黑质白章，或间有细白纹或黄纹，或杂色如块状隐嵌于石面。一般以黝黑如漆者为佳。

灵璧石以其瘦、漏、透、皱、黑、声、秀、悬俱备而闻名。灵璧磬石击叩铿然有声，因此有"玉振金声"之美誉，主要以山形景观和瘦皱透漏造型为佳。纹石石表常有错综的纹理和形象，有龟纹、胡桃纹、蝴蝶纹、密枣纹、螺旋纹、鸡爪纹、树皮纹、丝浅纹、绳纹等，清晰自然，曲折多变，颇为少见。

九．绮丽——雨花石

雨花石因产于南京雨花台而得名。主要精品出在江苏仪征、六合一带丘陵砂矿中，特别是六合县灵岩山玛瑙涧。历史上又称六合石、灵岩石。雨花石的质地有玛瑙、水晶、玉髓、石英、蛋白石和化石等，以玛瑙质最具观赏性。其中蛋白石质纯、色艳，极具润感。

雨花石其形以扁薄端圆为佳，具有"六美"：质美、形美、纹美、色美、呈象美、意境美。雨花石又有细石与粗石、活石与死石之分。通常把质地呈透明与半透明状的玛瑙、蛋白石、玉髓等归为"细石"一类，又称"活石"；其他不透明的石头归为"粗石"一类。雨花石因埋于砂石矿中石表毛糙，需清水而供，水分子填入石表细孔，再加上光的折射和反射，色彩、图纹很清晰地显示出来。

其他地方也有类似雨花石出产，特别是长江中游流域。如三峡雨花石，主要产于三峡宜昌地区枝江市的玛瑙河，四川泸州长江段亦产，但矿物杂质更多，个体更大，通透性稍弱。

1. 灵璧石 "河山真意"（宽 60cm，薛云生藏）
2. 雨花石 "冰雪双花"（宽 7cm，征争藏）

十 . 自然——戈壁石

戈壁石，又称风砺石、风棱石，主要产自内蒙古的大漠戈壁里，其中又以阿拉善右旗、额济纳旗等地所产品种、质地最佳，在风沙和戈壁气候的作用下，历经亿万年的洗练，质地坚硬细密，光滑圆润，有鲜明的通透感。几乎七色皆备，并兼有各种复色，又有各种颜色的包浆。

内蒙古戈壁石大多是2—8亿年前火山喷发后的硅质岩，玉质感强，其质地分别为玉髓、玛瑙、石英、碧玉、蛋白石等，其中又以沙漠漆和葡萄玛瑙为贵。

沙漠漆，是有些戈壁石表面形成了一层类似"亮漆"的石皮，因其多产自沙漠、荒漠、岩漠地区而得名。它们以上好的质地、艳丽的色彩和较高的观赏价值，给人以精美绝伦的感觉，以金黄色为贵。

葡萄玛瑙，通体布满色彩斑斓、大小不一的珠状小球，如串串葡萄，圆润亮丽。一般都是片块状，颜色由浅红至深紫等，以完整、珠大、质透、色纯、皮润、体大为好，如果能够出现主题造型，更是锦上添花。

十一 . 含蓄——长江石

长江石种类繁多，有图纹石、造型石、色彩石、化石等。其中尤以图纹石闻名，雄秀相兼。长江石的产地很大一部分在四川境内，包括金沙江、岷江、大渡河、青衣江等流域。造型石以意象石为主，形体圆融饱满而秀雅端庄。色彩石类较为丰富，具有青、黄、绿、红、紫单色及过渡色，尤以长江红最具特色。

绿泥石产于四川省泸州、宜宾等长江中上游河段及大渡河、青衣江、金沙江等河床中。石呈绿色，质地细腻，表面光滑，造型、纹理皆备，硬度6—6.5度。芙蓉石产于金沙江流经的滇东北地区与四川攀西地区交界之地，属变质石英岩卵石类，石质细腻，水洗度好，色彩分别呈赭色、暗红、淡红、鲜红及玫瑰色。呈流畅线纹，构成山川河流、日月争辉、牡丹绽放等图案。金沙彩与其共生矿物组合为绿泥石、绢云母、石英等，色彩极为丰富，色相上分为橙色、黄色、绿色三种，纹理可分为线纹、卷纹、凸纹、螺纹、云纹、水纹等。清江石产于长江三峡湖北清江段，画面色调以红、褐、青、绿为主，题材多见反映水秀山青、渔舟唱晚、急流险滩、霞光秋色等主题内容。三峡卵石，主要产于巫山小三峡

1. 戈壁玛瑙"狮子王"（宽 12cm，薛云生藏）

2. 长江石"在水一方"（高 13cm，枕石斋藏）

大宁河，以黑白两色居多，常能看到栩栩如生的物像和文字。

十二.豪放——大化石

大化石，又名岩滩石、彩玉石，产自广西大化县岩滩附近红水河深水河床中。其原岩是约2.6亿年前古生界二叠系的海相沉积硅质岩，摩氏硬度约5—7度。其色彩除原岩组成矿物的原生色外，还有在河床中经历千万年的流水中矿物元素、离子致色的结果，俗称为"水镀"。

大化石色调以红、黄为主，纹样较为丰富，有点状、线状、花草状等。加上石质致密、细腻，石肤十分光洁润滑，富有光泽，层理变化有序，色韵自然，纹理清晰而具有韵味。有的具有瓷韵，其表面釉质纹理如哥窑碎瓷，高雅隽永。

大化石质胜于玉，艳丽富贵，"宝气"十足，水洗度极佳，其石质之玉化程度堪称"石中之王"。造型多见嵩岳云岗之景或璋台仙境之貌，有的具有浮雕式的图案，象形较为少见。

十三.精神——摩尔石

摩尔石产于广西大化县岩滩。摩尔石的命名，得自于英国现代雕塑大师亨利·摩尔的名字。原岩是致密块状的砂岩，因成岩后受火山喷发作用影响，经接触变质，块体较大，弧形弯曲部位保存完好。摩尔石大多色彩单调，以青灰色为主，有的为古铜色，但造型变化奇，形成难度大，往往简单得只有几条曲线和几个块面，其主题样式带有某种不确定性，更接近于现代抽象雕塑作品，有的可以说是摩尔雕塑的翻版。它不但有原始艺术般的质朴，更有一种超现实抽象艺术的魅力。

类似摩尔石的还有马安摩尔石，又称素陶石，属于彩陶石的一类，产于广西合山县红水河流域。为凝灰质砂岩，一般体量较大，石形多为板状，接触河床的一面相当平整，被流水冲刷的另一面呈浮雕水浪痕，水浪边线较为清晰锐利，具有现代雕塑意味。色彩单调，以深浅棕色、咖啡色为主。

1. 大化石"琼台"（宽120cm，昆仑石屋藏）

2. 摩尔石"欲翔"（宽45cm，黄云波藏）

1. 来宾卷纹石"南极星辉"（高40cm，刘及响藏）
2. 昆石"玉缕神骨"（高32cm，邹景清藏）

十四．缜密——来宾石

来宾石，主要产自广西红水河来宾河段，包括忻城、合山、兴宾、象州、武宣五个县（市）区。原岩以硅质凝灰岩为主，内含燧石、灰岩，硬度约6度，距今已有约2.5—3亿年以上的历史。这里河床狭窄，弯多滩险，水落差大，流急砂多，岩石砾块经过不断地搬运、翻滚、撞击、磨蚀，质地坚密、黝滑，有的起釉面。造型有的峰谷相生、沟壑纵横，有的象形状物、栩栩如生，有的则毫无规则、千姿百态，尤多具有雕塑意味的造型石。色彩以黑、黄、青灰为主色调，纹彩丰富；纹理多变，凹凸有致。其主要品种有黑珍珠、卷纹石、石胆石等。

黑珍珠黝黑如漆，表面细润光洁，形态富于变化，有的一面光滑，另面则呈道道划痕，凹凸有致，深沉古朴。卷纹石色彩斑斓，有灰、绿、黄、黄褐、古铜、黑等多种色泽；形态奇特，石皮光润，表层有卷状纹理，有粗有细，凹凸分明，变化多端，极显沧桑感和韵律美。石胆石质坚滑润，色调有枣红色、黑灰色、青灰色等，形状有单体和多个联体，通体圆滑无棱，单体者多呈扁圆或球状，联体者则自然组合，形成不同的物象。

十五．疏野——昆石

昆石又称昆山石、玲珑石，因产于江苏昆山市的玉峰山而得名。因其晶莹洁白、玲珑剔透、峰峦巅空、千姿百态，历来被誉为玲珑石或巧石。近年来在福建龙岩等地也有产出。

昆石系白云岩因长期受其上层石灰岩中的碳酸钙及碳酸镁的渗蚀而形成，时常可以看到后期硅质溶液沿白云岩裂隙、空洞灌入形成的水晶晶簇，似雪花点缀，晶莹可爱，瑰丽奇异。生长年代为距今5亿年前的寒武纪。由于常年受雨水的酸性渗透、地下水的酸化及受其上层石灰岩的钙化侵蚀，表面纹理跌宕起伏、凹凸褶皱、沟壑纵深，并产生嵌空灵透之洞穴。昆石的品种按其结晶形状有鸡骨峰、胡桃峰、雪花峰、杨梅峰、海蜇峰、荔枝峰等。色彩以莹白为贵，青白次之，土黄为劣。

昆石毛坯外部有红山泥包裹，须用一定浓度的草酸洗去石上的黄渍，才成为洁白如雪、晶莹似玉的观赏石精品，大材尤其难得。

1. 英石"如意"（宽40cm，何卉藏）

2. 崂山绿石"青山白练"（高30cm，枕石斋藏）

十六 . 清奇——英石

英石，又称英德石，因产于广东英州（现为英德市）而得名。产地在今英德市的望埠镇一带山中。英石有黑色、青灰色、灰白色、霞灰红数种，以青灰色、灰白色者为多，有的黑色石上现出斑驳的白色条纹和斑块。质地坚硬，敲之有悦耳铜声。

英石是一种石灰岩石，由于常年日晒雨淋、骤冷骤热、长期风化，外表锋棱突兀，凹凸嵯峨，形状雄奇，色相苍古，或雄奇险峻，或嶙峋陡峭，或玲珑宛转，或驳接层叠。英石分为阳石、阴石两大类：阳石露于天，阴石藏于土。阳石按表面形态分为直纹石、斜纹石、叠石等。阴石玉润通透，阳石皱瘦漏透，各有特色。英石大块者可作园林假山的构材。

与英石颇为相似的有广西八音石，产于广西柳州忻城县，其声音铿锵清越，叩之八音俱全，故名。黝黑锃亮，肌肤嶙峋，纹理斑驳，孔洞奇巧，但石表少见白色斑纹。

十七 . 委曲——崂山绿石

崂山绿石产于青岛崂山东麓仰口湾畔，因佳者多产于海滨潮间带，故又称为海底玉。色彩静穆古雅，质地晶莹缜密。其主要矿物成分为镁铁硅盐。根据其产出形态，主要分为两种：即以翠面为主要特征的"板子石"图纹石，以石、翠混杂在一起纠结成块的"镶嵌石"造型石。图纹石是平展的翠面所表现出的画面效果；造型石是立体的山川景观或各种抽象形体。

崂山绿石以其如梦似幻的绿色而著名，如黛玉，似墨兰，像苍海，深沉谧静。图纹石的精华所在，是附着在板面上的一层翠绿色的结晶体"翠面"。翠面晶莹光润，丝绢般色泽变化不定，类似浅浮雕的风格。造型石的特征是"翠"成束状、缕状，弯曲纠结在许多小块绿石之间，挤压成块，其晶莹度稍差于图纹石，硬度也稍软，但色彩更丰富多变，绿色中掺杂着黄、白、赭、红。

1. 盘江石"古陶"（高 28cm，杨德鑫藏）

2. 内蒙古硅化木"夕阳在山"（宽 18cm，枕石斋藏）

十八．实境——盘江石

盘江石，产于贵州省黔西南州兴义市与安顺市相接一带的南、北盘江及其支流河床中。盘江石为早中三叠纪的碳酸盐岩、粉砂岩以及二叠纪晚期的硅质岩、沉凝灰岩、凝灰质硅质粉砂岩及硅质团块灰岩、灰云岩，以造型石为主，形态奇绝，颜色多为浅灰、深灰、棕、黑等，显得古朴凝重，潇洒飘逸。

盘江石硬度在4度左右，其色厚重，以形取胜，块面突出，石肌饱满，极富雕塑感。砂页岩石分粗砂石与细砂石，粗砂石表皮粗糙，细砂石表皮细腻，水洗度较好，造型丰富，形象生动。景观类峰峦重叠，山峪有序。常见有白色方解石或石英晶脉贯穿其间，若水成瀑，意境深邃，独具特色；象形类则多见人兽仙僧，意象为主。

南盘江常见水墨石、砍纹石、生物礁石及由多韵律粉砂岩形成的景观石和造型石类。北盘江产出由粉砂岩、钙质粉砂岩、硅质岩、玄武岩等形成的造型石及少量纹理石，水洗度不高。

十九．悲慨——硅化木

硅化木，又称木化石、树化石，大多产生于1.5亿多年前侏罗纪时代。倒扑深埋的树木受到富含二氧化硅的地下水的长期侵蚀，木质逐渐被替代置换，而原有的纤维、年轮、节疤、树瘿等被清晰地保存下来，宛如真实树干。除了二氧化硅外，还可能被方解石、白云石、磷灰石、黄铁矿和褐铁矿等所交代。

从硅化木出土的状况大体可分为山原石、水冲石和风砺石三大类。山原石以辽宁的北票最为多见；水冲石在浙江新昌、嵊州、金华、永康等地均有发现，南京雨花石中也有发现；风砺石主要分布在新疆鄯善、内蒙古阿拉善戈壁滩，以风砺度高，皮壳完整，有表皮、年轮、节瘤、树枝、蛀孔等细节为佳。

硅化木被玛瑙和玉髓交代后达到玉化程度者，称为树化玉，是硅化木中的极品。主产于毗邻云南边境的缅甸曼德勒省的那吐机县和马蓝县。树化玉以鸡血红色、翡翠绿色为贵，质地以通透度高（水头好）为佳。树化玉大多需要通过打磨、喷砂、抛光等工序才能观赏。

二十 . 形容——三江彩卵石

三江彩卵石，又名红彩卵石、三江石，产于广西三江县境内融江河段及上游龙胜县境内。属碧玉岩类，石质坚硬细密，硬度为6.5—7度，表面润泽光滑。以黄、红、紫为主色调，或流光溢彩，或古色古香。石表图纹有平纹与凸纹之分，构成图案或浮雕。石形大多呈不规则状，造型多变。质地坚韧顽拙，以红彩卵石为多见和典型，有全红、花红、紫红、斑纹红等；紫彩卵石有红紫、花紫、灰紫等。

三江红彩卵石的原矿又称鸡血红碧玉，是富含硅铁质的变质火山岩——碧玉岩，形成年代距今约10亿年。色彩鲜艳，以鸡血红色为主色调，颜色有鸡血红、紫红、浅红、褐红、枣红、棕红，其鸡血红色是由特别稳定的铁离子所造成的。质地滋润细腻，抛光性能良好，具有很好的雕琢加工的特性。

二十一 . 超诣——大湾石

大湾石，又称桥拱石，产自广西来宾大湾乡及桥拱镇的红水河段。这里河流形成一个倒U字形，从上流水冲搬运来的石体经过长时间流水冲刷，石质特别好，石种多为大化石、马安石、来宾石等，有的玉化程度很高，又称大湾玉或来宾水玉。

大湾石体量多在几厘米到十几厘米左右，石质细滑光润，石肤相当光滑润泽，水洗度颇佳，有的石表釉面艳丽，以纯正老气的棕黄色最具代表性。色纹丰富，分红、青、黄、白、紫、黑诸色，依照其石表起棱与否被分为平纹与凸纹两类。磨圆度甚佳，也有许多呈不规则形状，具有油画、国画之类效果，尤其是颇多水草、碎瓷、流水纹等特色纹彩。形态则千姿百态，有的象形状物，有的如珠似玉。

与大湾石个头、造型、皮色颇为接近的有邕江石，产于南宁市内邕江古河床中。属硅质岩，有的为玛瑙、玉髓性质，石质比一般卵石坚硬光滑，以古铜黄色为主，富有古气。硬度在5—8度之间，包括不少化石类，小巧精致，石色古朴，石皮细腻，变化莫测。

1. 三江红彩卵"丹霞秋色"（高50cm，唐正安藏）

2. 大湾石"千年一吻"（宽12cm，枕石斋藏）

二十二 . 飘逸——菊花石

菊花石历史上以湖南浏阳所产为重，最早被开发用于雕琢菊花石砚工艺品。质地软硬适中，润腻蓄墨，旬月不涸，可与大多数名砚媲美。

菊花石蕴育于2亿多年前，因地质运动而自然形成于岩石中。花型酷似异彩纷呈的秋菊，花呈乳白色，且纹理清晰、界线分明、神态逼真、玉洁晶莹。菊花是由天然的天青石或异质同象的方解石矿物构成花瓣，花瓣呈放射状对称分布组成白色花朵；花瓣中心由近似圆形的黑色燧石构成花蕊。花形纹理清晰，界线分明，质地坚实，千姿百态。菊花石周围的基质岩石为灰岩或硅质砾石灰岩，灰岩中偶尔含有蜓类、蜿足类珊瑚化石。菊花花瓣为多层状，具立体感。花朵大小不一，花形各异，有绣球状、凤尾状、蝴蝶状等。

菊花石目前在湖南、湖北、广东、陕西、江西等地均有发现，以湖南浏阳、湖北恩施、江西永丰、四川都江堰、广东花都等地较具储量，其菊花多数为平面图案，有的原石需要一定的加工才显露其本色。

二十三 . 旷达—— 风凌石

风凌石又称大漠石，是指生成、分布在新疆戈壁荒漠中的奇石，包括木化石、风砺石、玛瑙、泥石、火山岩等品种。主要出产地是哈密和鄯善。原岩多为距今8亿年前的震旦纪灰岩、硅质岩、硅质灰岩、硅质泥砂岩等，硬度4—7度。其造型变化比较大，其中玉质风砺石质地坚、润、透，泛油脂或蜡面光泽。

玛瑙石主要分布于哈密、吐鲁番等地的三湖和沙尔湖戈壁，其颜色、成分比较单一，表面光滑，质地细腻。大漠石以单色为主，常见白色、灰色、棕色、黄色、绿色、黑色，造型多见景观和象形。彩玉出产于鄯善县南戈壁，石质为石英岩，颜色以红、白为主，也见黄色、绿色。泥石又称羊肝石、古陶石，是由咖啡色、棕红色、黑色、黄褐色等单色泥质岩构成。质地细腻纯净，常见有细长而弯曲纹理的流水线槽，形成独特的肌理。蛋白石为不规则球状的块状集合体，有白色和雪青色两种，表皮毛糙，呈半透明状，似白玉一般。土古玉以硅质岩为主，多为黄褐色，皱褶深密，十分古气。火山弹形状多种多样，有椭球形、梨形、纺锤形、麻花状等，内部常呈多孔状或气泡状，外壳多为玻璃质。

1

2

1. 菊花石（江西永丰）"绽放"（高
   24cm，孙福顺藏）
2. 风凌石"天马行空"（高12cm，
   薛云生藏）

二十四．流动——大理石

云石，又称大理石，因产于云南大理点苍山中而得名。云石本色为白色，因矿物质的渗透晕染而成五彩缤纷的色纹，岩石经过剖切打磨，往往构成山水、人物、禽兽之类图案，尤以山水题材最为多见。

云石一般分为三类：汉白玉、云灰石和彩花石。作为观赏的云石主要是指彩花石，依其纹理色调不同又分为绿花、秋花、水墨花等数种。绿花又称春花，呈翡翠、青黛等色；秋花又称杂花，呈橙黄、赭褐、赤色、五彩花纹；水墨花号称"大理石之王"，墨分五色，酷似水墨国画，且有明显的米点笔触，具有水墨画的勾皴点染、浓淡干湿、实疏密、飞白泼墨等表现手法，极富古典审美情趣。

20 世纪 90 年代末至本世纪初，大理石开采达到了高峰。此阶段出品最具代表性的当数"河底石"，其丰富色彩和画面与西方油画相似，明显有别于酷似国画的传统大理石。

大理石"凤凰于飞"（高 280cm，昆仑石屋藏）

附录二：全国各地观赏石一览表

北京：轩辕石、金海石、京密石、菊花石、模树石、北太湖石、玫瑰石

天津：丹青石

河北：雪浪石、模树石、菊花石、唐河彩玉、康保肉石、漳河古陶石

山西：黄河石、白云石、大寨石、梅花石、历山石、绛县金钱石

内蒙古：戈壁石、黄蜡石、木纹石、葡萄玛瑙、黄河石、硅化木、缠丝玛瑙、沙漠漆、泡泡玉、阴山雪玉

黑龙江：火山弹、玛瑙石、硅化木

吉林：松花石、长白石、图们江石

辽宁：锦川石、太子河石、海浪石、鸭绿江石、绥中画面石

江苏：太湖石、灵璧石、吕梁石、雨花石、昆石、千层石、菊花石、栖霞石、莲花石、宝华石

浙江：太湖石、黄蜡石、临安石、锦纹石、瓯江石、石笋石、模树石、松化石、天竺石

安徽：灵璧石、景文石、宣石、太湖石、巢湖石、龟纹石、紫金石、平阳绿石

福建：九龙璧、龙岩昆石、闽江石、汀江石

江西：菊花石、太湖石、玛瑙石、黄蜡石、潦河石、三清山石、硅化木

山东：齐鲁太湖石、泰山石、博山文石、枣花石、金钱石、崂山绿石、长岛球石、五彩石、天景石、艾山石、竹叶石、红丝石、砣矶石、枣庄石、青州石、杏山石、烟台卵石

河南：（洛阳）黄河石、牡丹石、梅花石、紫石、虢州石、林虑石、河洛石、响石、嵩山国画石、荷花石、北太湖石、登封国画石

219

湖北：三峡石、菊花石、清江石、玛瑙石、神农架石、孔雀石、绿松石、汉江石、云锦石、宜昌剥皮石、龟纹石、宜昌雨花石

湖南：千层石、菊花石、龟纹石、武陵石、彩硅石、蜡石、桂东青花石、崀山石、道州石、安化石、祁阳石、筋纹石

广东：英石、菊花石、黄蜡石、青花石、粤北彩石、孔雀石、乳源彩石、乐昌墨石、丰顺石、墨江图纹石

广西：彩陶石、大化石、天峨石、来宾石、卷纹石、墨石、大湾石、彩霞石、邕江石、草花石、三江石、菊花石、幽兰石、都安石、梨皮石、龟纹石、运江石、右江石、百色彩石、黄蜡石、石胆石、古陶石、摩尔石、桂平石、棋盘石

海南：黄蜡石、筋纹石、畅好石

重庆：乌江墨石、木纹石、浮雕石、云纹石、响石

四川：绿泥石、涪江石、姜结石、黄蜡石、金沙江石、中江花石、泸州雨花石、嘉陵江石、千层石、鸡骨石、空心石、金沙彩、岷江石、菊花石、海鸥石、云朵石、卷纹石、长江芙蓉石、长江红、苴却石

贵州：贵州青、七彩石、古铜石、乌江石、马场石、盘江石、墨礁石、红梅石、贵翠、罗甸石、龟纹石、桫椤玉、黔太湖石、乌蒙石、安顺蜡染石、石胆石

云南：大理石、玉龙山石、金沙江石、铁胆石、黄蜡石(黄龙玉)、树化玉、古铜石、水富画面石、云龙石、猛拉石、黑金刚

西藏：藏瓷、藏玉、冰川石、龟纹石、雅江绿石

陕西：汉江石、秦岭石、雪花石、菊花石、汉中香石、嘉陵江石、绿松石、泾河石、旬河石、渭河图纹石

甘肃：兰州黄河石、戈壁石、黄蜡石、庞公石、白龙江石、渭河石、祁连石、西太湖石、洮河石、岷江石

青海：丹麻彩石、河源石、昆仑石、戈壁石、结核石、河湟石、乌金石、松多石

宁夏：黄河石、贺兰石、中卫结核石

新疆：大漠石、结核石、硅化木、玛瑙石、天山青、额河石、泥石、蛋白石、风凌石、戈壁玉、玛河石、哈密土古玉、绿陶石、阿克苏石、乌河山水石

台湾：玫瑰石、南田石、河蜡石、金瓜石、梨皮石、白云石、黑胆石、铁钉石、龟甲石、云龙石

附录三：观赏石鉴评 [①]

1. 范围

本标准规定了观赏石定义与分类，观赏石鉴赏与评价以及鉴评方法和等级划分等相关要求。

本标准适用于观赏石的鉴赏、评价活动，也可作为观赏石价格评估的重要依据。

2. 规范性引用文件

下列文件对于本文件的应用是必不可少的。凡是注日期的引用文件，仅注日期的版本适用于本文件。凡是不注日期的引用文件，其最新版本（包括所有的修改单）适用于本文件。

GB/T 2260　中华人民共和国行政区划代码

DZ/T 0130.9　地质矿产实验室测试质量管理规范　第 9 部分：岩石矿物样品鉴定

3. 术语和定义

下列术语和定义适用于本文件。

3.1 观赏石 view stone

自然形成且可以采集的，并具有观赏价值、收藏价值、经济价值和科学价值的石质艺术品。此外，还可涵盖奇峰异石等自然景观石及工艺石等。

3.2 纹理石 texture view stone

[①] 本标准由中华人民共和国国家质量监督检验检疫总局、中国国家标准化管理委员会发布，2015 年 7 月 1 日正式实施。另，正文后的附图、附录、参考文献等，此处从略。

由于物质成分（颜色）不同或结构、构造不同，在石体中形成条带、纹理的观赏石。

3.3 画面石 painting view stone

由不同颜色、不同物质形成的点、线、面组合且构成图案或画面的观赏石。

3.4 文字石 character view stone

由不同色彩的条纹、条带或斑块形成字符或文字的观赏石。

3.5 切磨石 cut-polish view stone

为增强石体图案艺术效果而进行切割、打磨或喷沙处理的观赏石（如云南大理石、国画石等）。

3.6 组合石 assembled view stone

由两方或两方以上天然石体组合而成的观赏石，其中也包括小品石等。

3.7 石肤 skin of stone

石体经水体冲刷、浸润、氧化，或由风蚀、日晒等表生地质作用在表面形成的皮壳或膜。

3.8 自然要素 natural factor

观赏石自身反映的物理、化学等自然属性，具体表现为形态、质地、色泽和纹理 4 个要素。

3.9 人文要素　cultural factor

主要休现人们对观赏石的认知、感悟及艺术创作，其中包括观赏石的韵意、命题、配座与传承。

4. 观赏石分类

4.1 观赏石分类原则

本标准依据人们的鉴赏传统与习惯、人文意识与审美取向，以及观赏石呈现的艺术形式和特点，结合观赏石的物质组成、成因类型、产出地质／地理景观环境，将观赏石划分为岩石类、矿物晶体类、生物化石类、陨石类及其他五种类型。岩石类观赏石指由沉积岩、岩浆岩和变质岩形成的观赏石（相关鉴定分类原则见 DZ/T 0130.9），根据石体显现的艺术特点，进一步划分出造型石、图纹石和色质石 3 个亚类。

4.2 观赏石类别及其主要特征

4.2.1 岩石类

4.2.1.1 造型石

以奇特或典雅的三维几何形态为主要特征，鉴赏中求其形、赏其貌；具象造型石求形态逼真，而抽象或意象造型石求寓意深刻。

4.2.1.2 图纹石

以优美的图案、纹理或文字为主要鉴评要素，观其图纹、赏其寓意，其中主要有画面石、纹理石和文字石；具象图纹石求形象、重写实，而抽象与意象图纹石求神韵、重写意。

4.2.1.3 色质石

以色彩、光泽和质地为主要审美要素，而形态和纹理在鉴赏中处于次要地位的观赏石。

4.2.2 矿物晶体类

由矿物晶体形成的观赏石。矿物晶体可以单晶、双晶或晶簇的形式出现。

4.2.3 生物化石类

由生物化石形成的观赏石。根据保存形式可分为实体、铸模、印痕等几种类型。

4.2.4 陨石类

指外太空物质穿过大气层陨落到地面的固态物体，常见的有石陨石、铁陨石以及石铁陨石等。

4.2.5 其他

指其他具有特殊自然、人文意义并具有观赏价值和收藏价值的石体。

5. 观赏石鉴评

5.1 鉴评要素

5.1.1 自然要素

5.1.1.1 形态

指观赏石的几何尺寸、外部形态，鉴评中重点考虑形态奇特、形象逼真、寓意深刻及石体的完整程度等。

5.1.1.2 质地

指观赏石的致密程度，矿物的颗粒大小，石体的润、涩感觉，以及石肤是否存在等。

5.1.1.3 色泽

指观赏石的颜色、光泽和透明度：观赏石的颜色有单色和杂色之分，单色主要考虑色度和饱和度；杂色则考虑反差与协调性。

5.1.1.4 纹理

指观赏石显现的图案、花纹或文字，主要有色彩纹、凹凸纹和裂隙纹三种纹式；依据成因又可分为原生纹理和次生纹理。

5.1.2 人文要素

5.1.2.1 韵意

指鉴赏者透过形态、质地、纹理和色泽四要素对石体的认知或感悟，甚至是顿悟或灵感，韵意的产生是情感与石体高度融合的一种赏石境界。

5.1.2.2 命题

指观赏石的题铭、题画，以及赋文等艺术创作。命题要贴切生动、言简意赅、寓意深刻，并具有较强的艺术性和丰富的文化内涵。

5.1.2.3 配座

指由木质、石质、紫陶、陶瓷等材料制作的配座、落嵌、沙盘及其他配饰。鉴评中重点考虑与石体是否协调，以及因石适材、工艺精湛等。

5.1.2.4 传承

指观赏石收藏、易手的沿革过程，鉴评中主要考虑历史传承是否有序并有据可查。

5.2 权重分配

5.2.1 岩石类观赏石的权重

岩石类观赏石的自然要素与人文要素的权重分配比例为 6:4，同一要素在不同亚类观赏石中的权重也有所差异（见表 1）。

5.2.2 非岩石类观赏石的权重

非岩石类观赏石的鉴评要素和指标均有所不同，自然要素与人文要素的权重按 8:2 比例分配（见表 2—表 4）。

5.2.3 传承项的权重

民国以前古石的传承一项可根据具体人物、事件及其历史价值而定；而民国以后的观赏石，传承一项的权重仅做为附加项来处理。

5.3 鉴评指标

5.3.1 岩石类观赏石鉴评指标

岩石类观赏石的鉴评要点及鉴评指标（权重）见表 1。

表 1 岩石类观赏石鉴评要点及权重分配表

类别	鉴评要素		鉴评要点	权重（%）
造型石	自然要素	形态	石体完整、造型或奇特优美、或端庄典雅；形象或逼真、或虚幻	30
		质地	石体致密、细腻，石肤好，差异风化强	10
		色泽	总体柔顺协调，石体不同部位的颜色、色调反差适度	10
		纹理	纹理自然流畅、曲折变化与整体造型相匹配	10
	人文要素	韵意	形意生动，寓意深刻、含蓄并耐回味，文化内涵丰厚	15
		命题	立意新颖、贴切生动，具有较强艺术性和丰富的文化内涵	10
		配座	造型典雅并烘托主题；因石适材、工艺精湛	15
		传承	历史易手、沿革有序并有据可查	

		形态	石体端庄且与画面协调，石面完整、无瑕疵	15
	自然 要素	质地	石质致密，石肤细腻、表面光洁无破损；切磨石应加工精细	10
		色泽	色彩丰富、层次分明、浓淡有致	10
图纹石		纹理	构图方式多元、图面刻画细致入微；纹理或曲折飘逸、或静谧典雅	25
	人文 要素	韵意	情景交融、形神兼备、主题明确、蕴意深邃	20
		命题	立意新颖、贴切生动、典雅脱俗、富有文化内涵	10
		配座	构思巧妙、烘托主题；因石适材、工艺精湛	10
		传承	历史易手、沿革有序并有据可查	
	自然 要素	形态	石体端庄、完整，整体感强	15
		质地	石体致密、温润，石肤细腻，石体表面光洁、无瑕疵	20
		色泽	色彩靓丽、光泽感强、协调性好；颜色单一者应均匀、典雅	20
色质石		纹理	纹理别致、清晰、自然	5
	人文 要素	韵意	情景交融、内涵丰富、意境深远	20
		命题	立意新颖、贴切生动、富有文化内涵	10
		配座	造型雅致并烘托主题；因石适材、工艺精湛	10
		传承	历史易手、沿革有序并有据可查	

5.3.2 矿物晶体类观赏石鉴评指标

矿物晶体类观赏石的鉴评要点及鉴评指标（权重）见表2。

表 2 矿物晶体类观赏石鉴评要点及权重分配表

鉴评要素		鉴评要点	权重 （%）
自然 要素	形态	晶形完整且保存完好；晶簇造型优美、奇特	20
	质地	晶体纯净、透明度高，隐晶质矿物致密、温润	20
	色泽	色彩丰富、艳丽、光泽绚丽	20
	组合	品种稀缺、珍贵；矿物组合多样、主次分明，色彩及造型与围岩相互衬托	20
人文 要素	标签	标注学名、产地明确、题名别致、标明传承	15
	配座	突出石体，富有创意	5

5.3.3 生物化石类观赏石鉴评指标

生物化石类观赏石的鉴评要点及鉴评指标（权重）见表 3。

表 3 生物化石类观赏石鉴评要点及权重分配表

鉴评要素		鉴评要点	权重（%）
自然要素	形态	形体完整、体量适度；天然围岩、石化程度高	20
	品种	品种稀缺、珍贵或组合奇特	30
	品相	单体形态生动、栩栩如生；组合整体协调，主体鲜明且特征明显	20
	修复	修工精细、原貌保存完好，无瑕疵、无作假	10
人文要素	标签	标注学名、产地明确、题名别致、标明传承	15
	配座	突出石体，富有创意	5

5.3.4 陨石类观赏石鉴评指标

陨石类观赏石的鉴评要点及鉴评指标（权重）见表 4。

表 4 陨石类观赏石鉴评要点及权重分配表

鉴评要素		鉴评要点	权重（%）
自然要素	形态	石体完整、形态美观奇特、无破损	10
	品种	品种珍贵、类型独特	30
	特征	熔壳、气印、球粒、磁性、擦痕及密度等特征明显	30
	体量	体量适度	10
人文要素	标签	标注学名、产地明确、题名别致、传承有序	15
	配座	突出石体，富有创意	5

5.4 鉴评方法

5.4.1 相对排序法

5.4.1.1 预选

由鉴评人员对所有参评的观赏石进行初步筛选，以获奖数量的 1.5 ~ 2 倍的额度确定入选目标。

5.4.1.2 排序

经初步筛选、确定入选目标后，由鉴评人员为每一方（组）观赏石列出相对优先次序，最终以式（1）计算出每一方（组）观赏石的序次：

$$N = \frac{1}{M}\sum_{i=1}^{M} n_i \quad\cdots\cdots\cdots\cdots\cdots\cdots\cdots\cdots\cdots \quad（1）$$

式中：

n_i —— 每个鉴评人员给出的排序号（n = 1，2，3，4，5，……S）；

M —— 鉴评人员的数量；

N —— 最终的排序号（N = 1，2，3，4，5，……S）。

最终结果中以N值最小者为佳。该方法适合地方观赏石协会和其他社会团体组织的观赏石展会及相应的鉴赏与评奖活动。

5.4.2 权重评估法

权重评估法主要依据在5.3节中所确定的鉴评指标，由鉴评人员对每一个鉴评要素逐项进行评分、求和。然后根据所有鉴评人员总分的平均值来确定最终分值T，计算式见式（2）。

$$T = \frac{1}{M}\sum_{j=1}^{M}\sum_{i=1}^{N} W_j \quad\cdots\cdots\cdots\cdots\cdots\cdots\cdots\cdots \quad（2）$$

式中：

W_{ji} —— 每一个鉴评要素的得分；

N —— 鉴评要素的数量；

M —— 鉴评人员的数量；

T —— 最终得分。

此方法主要适合观赏石的评价与等级确定，其缺点是工作量大，在参评数量大时难以操作。

6. 鉴评人员与环境要求

6.1 鉴评人员要求

参与观赏石鉴评的人员应经过专业技术培训，并具备观赏石鉴评师以上资质。鉴评人员应恪守职业道德，本着科学、严谨的态度，以及公平、公正、公开的原则，对鉴评工作认真负责，不得营私舞弊、弄虚作假。

6.2 鉴评环境要求

观赏石的鉴评工作应在采光条件良好的环境中进行，个别石种可使用不同色彩的射灯照明。

7. 等级划分与鉴评证书

7.1 观赏石等级划分

观赏石的等级划分应按 5.4.2 的方法，对参评的观赏石进行等级划分。具体分级标准如下：

a）特级：总计评分在 91 分 ~ 100 分；

b）一级：总计评分在 81 分 ~ 90 分；

c）二级：总计评分在 71 分 ~ 80 分；

d）三级：总计评分在 61 分 ~ 70 分。

7.2 鉴评证书的基本内容

鉴评证书中应具备以下几种标识：

a）统一编号：参评观赏石的编号应具有唯一性。如由中国观赏石协会于 2012 在北京举办展会的编码为：110000VSAC20120001；其中 ×××××× ×××× ×××× ×××× 前 6 位为北京市行政区划代码（代码应符合 GB/ T 2260 的规定）、7 位 ~ 10 位为中国观赏石协会的英文缩写 VSAC、11 位 ~ 14 位为年份区，后 4 位则为序号：

b）鉴评等级：标明鉴评等级；

c）名称：命题；

d）类别：石种名称；

e）尺寸：三度空间的几何尺寸（以 cm 为基本度量单位）；

f）产地：应注明观赏石的实际产地，以县（乡）为最小行政单位；

g）鉴评地点：标明鉴评所在地名称；

h）鉴评时间：注明鉴评日期；

i）鉴评单位：应有鉴评人签字与鉴评单位盖章；

j）防伪标识：加注二维防伪码标识；

k）照片：鉴评证书中应附观赏石的照片。

后　记

2014 年 12 月 3 日，国务院公布了第四批国家级非物质文化遗产代表性项目名录，由中国观赏石协会申报的赏石艺术，作为传统美术类别正式成为国家级非物质文化遗产代表性项目。这标志着观赏石的收藏与鉴赏正式登上了大雅之堂，为主流社会所接纳和承认。

赏石艺术是以天然形成的观赏石为审美对象，通过发现和表现，赋予其审美意韵和人文内涵，使之从自在之物成为了有意味的形式。可概括为"天赐神韵、人赋妙意"。赏石艺术的主要载体是观赏石，古代称之为奇石。奇石从天地之间的弃物，从发现到表现，进而登堂入室，成为一种高雅的赏石艺术形式，集中体现了古人珍惜自然、师法自然以及天人合一的思想观念，与我国传统的书画、盆景、园林、建筑、文玩、工艺美术等艺术交相辉映，共同成为中国传统高雅文化的组成部分，历久弥新。

时至今日，虽然赏石艺术已经成为了国家级非物质文化遗产，《观赏石鉴评》国家标准也已经颁发实施（由中华人民共和国国家质量监督检验检疫总局、中国国家标准化管理委员会 2015 年 5 月 15 日颁发，7 月 1 日起实施），而且全国观赏石收藏群体和爱好者已经数以百万计，但是观赏石还没有成为一门学科，赏石艺术在主流艺术品收藏市场之中更多地还处于一种被边缘化的境况，赏石艺术的内涵和外延还有待我们不断去发掘，去总结，去阐述，去完善。有鉴于此，笔者不揣浅陋，不避艰难，博览群书，博采众长，写就此书。说来也巧，笔者26 岁开始正式接触观赏石收藏，到今年正好有 26 年。藏玩之余，从事赏石文化研究也有二十余年，虽然也出版发表了一些观赏石的著述和文章，但总感觉观赏石是一本"无字天书"，百读不厌，常读常新。特别是，许多观赏石的那种天籁意象和不解意味，可以激发起人们无穷的艺术想象力和创造力，甚至有时候会觉得任何语言文字都显得苍白无力，这里面有一种禅不可说的境界。可以这样说：赏石，我们永远在路上。

本书的写作，得到了中华书局上海公司总经理余佐赞的鼓励指导，得到了中国观赏石协会（网）、上海市观赏石协会等同仁的支持，得到了王纪民、秦石轩、得云轩、方野、石童等诸多石友的协助，书中有的石照选自各地石展的获奖作品，在此一并致谢。

作者 2015 年 11 月于沪上枕石斋